Beiträge zum Rundfunkrecht

Herausgegeben im Auftrag der Arbeitsgemeinschaft
der öffentlich-rechtlichen Rundfunkanstalten
der Bundesrepublik Deutschland (ARD)
vom Hessischen Rundfunk, Frankfurt am Main

Redaktion: Prof. Dr. Klaus Berg

Band 44

Jörn Kruse

Wirtschaftliche Wirkungen einer unentgeltlichen Sport-Kurzberichterstattung im Fernsehen

unter Mitarbeit von

Reinald Krüger

Nomos Verlagsgesellschaft
Baden-Baden

CIP-Titelaufnahme der Deutschen Bibliothek

Kruse, Jörn:
Wirtschaftliche Wirkungen einer unentgeltlichen Sport-Kurzberichterstattung im Fernsehen / Jörn Kruse. Unter Mitarb. von Reinald Krüger. – 1. Aufl. – Baden-Baden: Nomos Verl.-Ges., 1991
(Beiträge zum Rundfunkrecht; Bd. 44)
ISBN 3-7890-2204-7
NE: GT

1. Auflage 1991

Vorwort

Die vorliegende Studie zu den wirtschaftlichen Auswirkungen der Regelung des Rechts auf eine unentgeltliche Kurzberichterstattung über Sportereignisse im Fernsehen durch den Staatsvertrag der Bundesländer wurde im Auftrag der ARD und des ZDF erstellt. Die Bearbeitung erfolgte zwischen Februar 1989 und Januar 1990. Vor der Drucklegung im September 1990 wurde eine leichte textliche Überarbeitung vorgenommen.

Ich danke insbesondere meinem Mitarbeiter, Herrn Diplomvolkswirt Reinald Krüger, der für das Gutachten in den Vereinigten Staaten Recherchen und Interviews durchgeführt hat, an der Abfassung der Kapitel 2, 3 und 6 beteiligt war und durch viele wertvolle Diskussionen zur Fertigstellung beigetragen hat.
Außerdem danke ich Frau Diplomvolkswirtin Susanne Parlasca, Institut für Finanzwissenschaft der Universität Hamburg, die durch zahlreiche wertvolle Hinweise und Diskussionen sowie kritische Kommentare zum Text an der Studie mitgewirkt hat.

Die verbliebenen Mängel gehen natürlich allein zu meinen Lasten.

Hamburg, im September 1990 *Jörn Kruse*

Inhaltsverzeichnis

Kapitel 1:

Einführung

1.1 *Problemstellung*

In den letzten Jahren gab es eine Reihe von Fällen, in denen die neuen privaten Fernsehveranstalter SAT-1 bzw. RTL-plus die bundesdeutschen TV-Rechte für publikumsattraktive Sportereignisse exklusiv erworben hatten. Damit kam ein großer Teil des interessierten Publikums nicht in den Genuß entsprechender Fernsehberichte, da diese Zuschauer die Programme wegen mangelhafter Distributions-Infrastruktur nicht empfangen können.

Dies betraf insbesondere verschiedene Spitzenereignisse im Tennis, anfänglich vor allem die Turniere von Flushing Meadows (US-Open) und die Masters-Turniere, die seit mehreren Jahren von SAT-1 übertragen werden. Eine ähnliche Situation bahnte sich an, als die UfA 1988 für 3 Jahre die Fußball-Bundesliga-Rechte erwarb, was bei vielen fußballinteressierten Zuschauern die Befürchtung weckte, die Bundesliga-Spielberichte würden künftig nur noch bei RTL-plus zu sehen sein.[1]

Einen vorläufigen, spektakulären Höhepunkt erreichte die Entwicklung im Sommer 1989, als RTL-plus - aufgrund des Rechteerwerbs durch die über Bertelsmann konzernmäßig verbundene UfA - exklusiv das Tennisturnier von Wimbledon (mit erfolgreicher Teilnahme von Boris Becker und Steffi Graf) übertrug. Dies löste eine heftige öffentliche Diskussion in der Bundesrepublik aus, da im Ergebnis keine Fernseh-Berichterstattung in den öffentlich-rechtlichen Programmen stattfand und somit etwa die Hälfte aller Haushalte tatsächlich vom Konsum dieses Ereignisses ausgeschlossen war.

Das hier zu behandelnde Problem besteht nicht darin, daß die neuen privaten Programme - und nicht die öffentlich-rechtlichen Rundfunkanstalten - derartige Spitzenereignisse übertragen. Dies ist eine konsequente Folge der Öffnung des Rundfunksektors für marktwirtschaftliche Kräfte, die von den politisch Verantwortlichen ausdrücklich so gewollt ist. Diese Entwicklungsrichtung - wenngleich in der publizistischen, juristischen und politischen Diskussion um-

1 Dies trat dann jedoch nicht ein, da ARD und ZDF Teilrechte für ihre traditionellen Bundesliga-Sendeplätze (insb. ARD-Sportschau und Aktuelles Sportstudio) erwarben.

stritten - wird von fast allen Ökonomen grundsätzlich positiv beurteilt und im folgenden nicht in Frage gestellt.[2]
Das eigentliche Problem resultiert vielmehr daraus, daß wichtige Sportereignisse einen erheblichen »Allgemein-Informationswert« haben. Das Fernseh-Publikum erwartet, in den aktuellen Sendungen aller Programme über das Sportgeschehen genauso umfassend und verläßlich nach redaktionellen Maßstäben informiert zu werden, wie das bei politischen, kulturellen und gesellschaftlichen Ereignissen und allgemeinen Weltgeschehnissen in der Regel der Fall ist. Bei derartigen nachrichtenrelevanten Ereignissen würde man eine Exklusivität einzelner Programme für die Berichterstattung auch dann nicht für akzeptabel halten, wenn alle Zuschauer in der Lage wären, sich durch Sehen der Nachrichten-Sendungen aller Programme einen Gesamtüberblick zu verschaffen.
Die Zuschauer erwarten also, in den aktuellen Sendungen auch über die jeweils wichtigen Sportereignisse informiert zu werden. Dabei richtet sich das Interesse auf eine »mediengerechte« Berichterstattung. Dies bedeutet beim Fernsehen eine Nachrichten-Präsentation in bewegten Bildern, das heißt mindestens durch kurze Nachrichtenfilme. Dies ist bei anderen aktuellen Ereignissen in der Regel kein Problem, da die wirtschaftlichen Interessen der Beteiligten keine Exklusivverträge[3] für das Nachrichten-Filmmaterial nahelegen. Bei Sportveranstaltungen, bei denen die Fernsehhauptrechte (ebenso wie bei Spielfilmen) üblicherweise als regionale Exklusivrechte gehandelt werden, besteht nun das Bestreben, dies auch auf Nachrichtenfilme auszudehnen.
Während es früher für die Fernsehprogramme möglich war, über alle relevanten Sportereignisse in Form von 3-Minuten-Berichten zu informieren, hat die aufkommende Konkurrenz der privaten Veranstalter hier wesentliche Veränderungen bewirkt. Wenn die Gesamtheit der TV-Rechte für ein bestimmtes Ereignis exklusiv vergeben würde, könnten die anderen Programmveranstalter darüber nicht mit Fernsehbildern berichten, sofern sie keine Zweitrechte erwerben können.
Die Problematik, durch die exklusive Hauptrechte-Nutzung von der Berichterstattung ausgeschlossen zu sein, betrifft grundsätzlich alle Arten von Fernseh-

2 Vgl. in diesem Zusammenhang zur ordnungspolitischen Diskussion des Rundfunks und für weitere Literaturhinweise MESTMÄCKER, Ernst-Joachim (Hrsg.), Offene Rundfunkordnung, Gütersloh 1988; HOFFMANN-RIEM, Wolfgang (Hrsg.), Rundfunk im Wettbewerbsrecht, Baden-Baden 1988, KRUSE, Jörn, Ordnungspolitik im Rundfunk, in: Michael Schenk und J. Donnerstag (Hrsg.), Medienökonomie, München 1989, 77-111; GREIFFENBERG, Horst, Neue Medien, in: Peter OBERENDER (Hrsg.), Marktökonomie, München 1989, 571-631.

3 Vgl. zur ökonomischen Logik von Exklusivverträgen Abschnitt 4.2.

programmen. Da die öffentlich-rechtlichen Anstalten aufgrund ihrer besonderen Rechtsstellung auch besondere Verpflichtungen u.a. zur Information haben, sind sie von dieser Problematik in besonderer Weise bei der Erfüllung ihrer Informationspflichten betroffen.
Die Bundesländer haben am 15. März 1990 einen Staatsvertrag unterzeichnet, der den Rundfunkstaatsvertrag vom 1./3. April 1987 novelliert und ein Recht auf unentgeltliche Kurzberichterstattung gesetzlich regelt.[4] Die Bestimmungen der neuen Artikel 10 a bis 10 f gelten für alle öffentlich zugänglichen Veranstaltungen von allgemeinem Informations-Interesse. Sie haben jedoch ihre größte Bedeutung bei Sportveranstaltungen, auf die sich die folgenden Ausführungen ausschließlich beziehen.
Das Recht auf unentgeltliche Kurzberichterstattung[5] bedeutet, daß jedem in Europa zugelassenen Fernsehveranstalter erlaubt wird, lizenzgebührenfrei über alle Sportereignisse in Form von Kurzberichten zu informieren. Damit verbunden ist ein Zutrittsrecht zu den entsprechenden Sportstätten, um dort die Signale für eigene Sendezwecke selbst zu erzeugen. Dies wird in der Regel in der Aufzeichnung des Geschehens zur nachfolgenden Produktion eines Kurzberichts bestehen, kann aber auch eine kurzzeitige Direktübertragung sein. In jedem Fall erstreckt sich die unentgeltliche Kurzberichterstattung nur auf Beiträge mit Nachrichten-Charakter.
Unter einem Kurzbericht wird im folgenden die Wiedergabe eines sportlichen Ereignisses in einem kurzen, filmischen Beitrag verstanden, das heißt, er besteht in der Regel aus ausgewählten Szenen bewegter Bilder, die mit einem zusammenfassenden Kommentar versehen sind.[6] Ein Kurzbericht ist auf einen solchen zeitlichen Umfang beschränkt, der notwendig ist, um den nachrichtenmäßigen Informationsgehalt des Sportereignisses[7] zu vermitteln. Die Obergrenze beträgt nach Artikel 10 b des Staatsvertrages in der Regel 1:30 Minuten,[8] was der üblichen Länge von Nachrichtenfilmen entspricht.
Kurzberichte sind in der Regel nachträgliche Berichte (im Gegensatz zu Live-Übertragungen) mit einem mehr oder minder großen zeitlichen Abstand zum Ereignis. Die Ausnahme besteht in kurzen Live-Einblendungen, die ebenfalls

4 Der Text des Kurzberichts-Staatsvertrages mit Begründung ist im Anhang abgedruckt.
5 Die Begriffe »unentgeltliche Kurzberichterstattung« und »freie Kurzberichterstattung« werden im folgenden synonym verwendet.
6 Vgl. zu den Begriffen Kurzbericht, Bericht, Übertragung, Live-Kurzeinblendung etc. genauer Abschnitt 4.3.1, insbesondere Abb. 4-1.
7 Ein Sportereignis ist eine nach den jeweiligen Regeln definierte sportliche Einheit in zeitlicher Kompaktheit. Vgl. dazu genauer Abschnitt 2.1.2.
8 Kurzberichte können in bestimmten Fällen auch über 1:30 hinausgehen. Bei Zusammenfassungen von Sportereignissen vergleichbarer Art muß der nachrichtenmäßige Charakter gewahrt bleiben.

von der Regelung des Staatsvertrages erfaßt sind, aber nur selten relevant werden. Die folgenden Erörterungen gehen von nachträglichen Kurzberichten entsprechend der obigen Definition aus, soweit Live-Kurzeinblendungen nicht gesondert genannt werden.
Typische Sendeplätze von Sport-Kurzberichten sind allgemeine Nachrichten-Sendungen oder redaktionelle Sportsendungen (Sportmagazine). Ein Kurzbericht bezieht sich grundsätzlich auf ein einzelnes Sportereignis. Falls mehrere Kurzberichte von ähnlichen Sportereignissen hintereinander gesendet werden, nennen wir dies Kumulation von Kurzberichten, was gesondert erörtert wird.
Nicht als Kurzbericht zu bezeichnen ist eine gesprochene bzw. verlesene Nachricht (evtl. durch Fotos ergänzt) über ein Sportereignis, eine textliche oder grafische Präsentation, Kommentare, Interviews, Gespräche mit Studiogästen, filmische Beiträge aus dem Vor- oder Umfeld der Sportveranstaltung, Rückblicke auf einschlägige frühere Ereignisse etc. Derartige Elemente von Sportsendungen sind nicht Gegenstand der staatsvertraglichen Regelung und der folgenden Erörterungen, da das Recht dazu inhaltlich unbestritten ist. Wenn sie zur Ergänzung aktuellen Filmmaterials in einer Sendung verwendet werden, bleiben sie für die Bestimmung der zeitlichen Dauer des Kurzberichts nach Artikel 10 b außer Betracht.
Ebenfalls vom Staatsvertrag zur Fernsehkurzberichterstattung nicht tangiert sind die Nutzungsrechte an den Fernseh-Signalen, das heißt an der eigentlichen Fernseh-Software (Bild und Ton). Die vom Hauptrechteinhaber oder einem Dritten produzierten Fernseh-Signale unterliegen dem Leistungsschutzrecht des Urheberrechtsgesetzes, das eine freie, kommerzielle Verwertung ermöglicht. Dies wird im folgenden nicht problematisiert, sondern als gegeben vorausgesetzt.[9]
Ein grundsätzliches Argument von Sportverbänden und privaten Fernsehveranstaltern gegen die geplante Regelung geht dahin, daß ein Recht auf lizenzgebührenfreie Berichterstattung in ihre Eigentumsrechte eingreife und ihre wirtschaftlichen Interessen verletze.
Private Fernsehunternehmen führen an, daß ihre eigenen Einschaltquoten, auf die sie wegen ihrer Werbefinanzierung besonders angewiesen sind, sinken würden, wenn andere Programme Kurzberichte über die gleichen Ereignisse senden, womit der Wert der Fernsehrechte geringer wäre.[10] Außerdem seien in der gegenwärtigen Entwicklungsphase die Top-Sportereignisse für die privaten

9 Die ökonomischen Folgen dieser Rechtslage werden in Kapitel 6 erörtert.
10 Da von der Staatsvertrags-Regelung der unentgeltlichen Kurzberichterstattung alle Sportereignisse ausgeschlossen sind, für die die Fernseh-Lizenzen vor 1990 erworben wurden, kann sich eine eventuelle Wertminderung nur auf zukünftige Lizenzverträge beziehen.

Fernsehveranstalter von besonderer Bedeutung, da sie hohe Einschaltquoten versprächen und das Interesse an Kabelanschlüssen und Satelliten-Empfangsanlagen erhöhten. Bei einem Recht auf unentgeltliche Kurzberichterstattung wäre ihre Zahlungsbereitschaft für Hauptrechte[11] deshalb geringer.
Einige Sportverbände in publikumsattraktiven Sportarten argumentieren, daß bei freier Kurzberichterstattungsmöglichkeit erstens aufgrund des zuletzt genannten Effektes auf die Zahlungsbereitschaft der Fernsehveranstalter die Erlöse aus Fernseh-Lizenzverträgen sinken würden und zweitens die Einnahmen aus Eintrittskartenverkäufen zurückgingen.
Mit derartigen, möglichen Zusammenhängen zwischen dem Recht auf unentgeltliche Kurzberichterstattung und den wirtschaftlichen Interessen von Sportveranstaltern und Hauptrechteinhabern, die in Abbildung 1-1 (Abschnitt 1.3) in einer Übersicht dargestellt sind, beschäftigt sich die vorliegende Studie. Es wird also im folgenden nicht im einzelnen auf die juristische Diskussion eingegangen.[12] Die Fragestellung dieser Untersuchung ist rein ökonomisch ausgerichtet.

11 Im folgenden wird in der Regel von Hauptrechten statt von Exklusivrechten gesprochen. Der Begriff der Hauptrechte ist umfassender, da er die Möglichkeit der Vergabe von Zweitrechten an andere Fernsehveranstalter einschließt. Vgl. genauer Abschnitt 4.2.

12 Ein neuerer juristischer Beitrag, der sich zentral auf das Problemfeld dieser Studie bezieht, ist LERCHE, Peter und Peter ULMER, Kurzberichterstattung im Fernsehen. Rechtsgutachten zu Fragen der Informationsbeschaffung für die Kurzberichterstattung von Sendeunternehmen über Veranstaltungen und sonstige Ereignisse von öffentlichem Interesse, Baden-Baden 1989. Vgl. außerdem zur juristischen Diskussion der Frage eines Recht auf unentgeltliche Kurzberichterstattung FUHR, Ernst, Das Recht des Fernsehens auf freie Berichterstattung über öffentliche Veranstaltungen, in: Rechtsfragen im Spektrum des Öffentlichen, Armbruster-Festschrift, Berlin 1976, 117-136; KÜBLER, Friedrich, Massenmedien und öffentliche Veranstaltungen, Frankfurt 1978; FUHR, Ernst, Exklusivberichterstattung des Rundfunks im Spannungsverhältnis zwischen Privatautonomie, Kartellrecht und Recht auf freie Berichterstattung, in: Zeitschrift für Urheber- und Medienrecht 32 (1988), 327-332; FUHR, Ernst, The Broadcaster's Right to the Free Reporting of Public Events, in: EBU Review. Programmes, Administration, Law, Vol 39, Nr. 6 (1988), 39-41; TETTINGER, P., Das Recht des Rundfunks auf freie Berichterstattung bei Sportveranstaltungen, in: Zeitschrift für Urheber- und Medienrecht 30 (1986), 497ff; RICKER, Reinhart, Grundversorgung kontra Vertragsfreiheit – Anspruch öffentlich-rechtlicher Rundfunkanstalten auf unentgeltliche Kurzberichterstattung über Fußballveranstaltungen? in: Zeitschrift für Urheber- und Medienrecht 32 (1988), 311-318; RIEGEL, Ralf, Besteht ein Recht der Medien, kostenlos Ausschnitte von Fußballspielen zu übertragen? in: Zeitschrift für Urheber- und Medienrecht 32 (1988), 527-530; HARTSTEIN, Reinhard und H. KUCH, Gesetzliche Regelung eines Rechts auf freie Kurzberichterstattung? in: Zeitschrift für Urheber- und Medienrecht 32 (1988), 503-511.

1.2 *Sport im Fernsehen*

Im Zuge wachsender Freizeit der Menschen hat Sport in den letzten Jahrzehnten eine immer größere Bedeutung gewonnen. Dies gilt einerseits für den aktiven Sport, das heißt die eigene körperliche Betätigung, und andererseits für den passiven Sportkonsum. Darunter wird das Verfolgen der sportlichen Aktivitäten anderer als Zuschauer verstanden - sowohl als Direktkonsument in den Sportstätten als auch via Fernsehen und andere Medien.
Das Interesse vieler Zuschauer an TV-Sport läßt sich durch verschiedene Untersuchungen belegen.[13] Der Umfang des Sports im Fernsehen ist stark angestiegen, wenn man neben den öffentlich-rechtlichen Programmen, SAT-1 und RTL-plus auch die anderen Kabel-Programme berücksichtigt, die teilweise sehr umfangreiche Sport-Anteile aufweisen.[14] Bezüglich der öffentlich-rechtlichen Programme ist das Bild der quantitativen Entwicklung allerdings nicht so eindeutig.[15]
Das Publikums-Interesse ist stark nach einzelnen Sportarten differenziert.[16] Außerdem unterscheiden sich die entsprechenden Präferenzen nach Alter, Geschlecht[17] und Nationalitäten.[18] Entsprechend sind auch die Anzahl der

13 Bei einer Befragung bekundeten 39 % ein starkes oder sehr starkes Interesse an Sportübertragungen. Vgl. BERG, Klaus und Marie-Luise KIEFER (Hrsg.), Massenkommunikation III. Eine Langzeitstudie zur Mediennutzung und Medienbewertung 1964-1985, Frankfurt a.M. 1987. Vgl. außerdem STEINMANN, M. und R. MEIENBERGER, Sport in den elektronischen Massenmedien und seine ZuschauerInnen und ZuhörerInnen, SRG-Forschungsdienst, Bern Oktober 1988, BÄSSLER, Roland, Das Interesse der Bevölkerung für Sport, in: SWS-Rundschau 2/1988, 174-190, verschiedene Beiträge in HOFFMANN-RIEM, Wolfgang (Hrsg.), Neue Medienstrukturen - neue Sportberichterstattung? Baden-Baden 1988.

14 Z.B. Tele-5, Pro-7, Sportkanal, Eurosport, etc. Eine Einbeziehung dieser Programme ist jedoch problematisch, da sie nur relativ geringe Reichweiten haben.

15 Die Zahlen sind stark von einzelnen, nicht-jährlichen Großereignissen (Olympische Spiele, Fußball-Weltmeisterschaften) und bestimmten singulären Faktoren (Tennisturniere mit deutschen Stars) beeinflußt. Vgl. DAHMS, Heike, Sport im Fernsehen. Eine Analyse von Angebot und Nutzung, in: Media Perspektiven 4/1988, 238-247 und EMIG, Jürgen, Wie reagiert das Sport-Fernsehprogramm auf die Veränderung der Medienstruktur? in: HOFFMANN-RIEM, W. (Hrsg), Neue Medienstrukturen - neue Sportberichterstattung? Baden-Baden 1988, 93-99.

16 Bezüglich des Wunsches nach TV-Coverage lag bei einer Befragung (Mehrfachnennungen möglich) der Fußball an der Spitze (58 %). Danach folgte Eiskunstlauf (46 %), Skispringen (40 %), Leichtathletik (39 %), Ski alpin (38 %), Handball (35 %), Tanzen (34 %), Reiten (33 %), Motorsport (30 %), Turnen (30 %), Schwimmen (29 %), Eishockey (28 %) und Tennis (27 %). Vgl. o.V. Forschungsbericht Medienkommission ARD/ZDF: Sport 1984.

17 Die Männer präferieren Fußball, gefolgt von Motorsport (Jüngere), Handball, Eiskunstlauf (Ältere), Ski, Leichtathletik, Eishockey (Jüngere), d.h. mit starken Unterschieden zwischen den Altersgruppen. Die Frauen bevorzugen Eiskunstlauf, Fußball und Tanzen, gefolgt von (nach Altersgruppen unterschiedlich) Skisport, Leichtathletik, Turnen und Schwimmen. Vgl. z.B. o.V. Forschungsbericht Medienkommission ARD/ZDF: Sport 1984.

Sendungen und Sendestunden und die Einschaltquoten zwischen den einzelnen Sportarten sehr unterschiedlich.[19]
Bezüglich der Zahl der Sendestunden lang der Fußball früher[20] deutlich vor allen anderen, ist inzwischen jedoch vom Tennis[21] weit überholt worden. 1989 waren in den Programmen der ARD, ZDF, RTL-plus und SAT-1 insgesamt 1019 Stunden Tennis, 449 Stunden Fußball und 258 Stunden Eishockey zu sehen.[22] [23] Bei den Einschaltquoten für einzelne Übertragungen liegt allerdings der Fußball immer noch weit in Führung.[24]

18 Vgl. z.B. für die Schweiz STEINMANN, M. und R. MEIENBERGER, Sport in den elektronischen Massenmedien und seine ZuschauerInnen und ZuhörerInnen, SRG-Forschungsdienst, Bern Oktober 1988, für Österreich BÄSSLER, Roland, Das Interesse der Bevölkerung für Sport, in: SWS-Rundschau 2/1988, 174-190, für Belgien CLAYS, Els, Sport at Belgian Radio and Television (BRT), in: International Review for the Sociology of Sport 21 (1986), 195-209.

19 In der Zahl der Sport-Sondersendungen und bezüglich der Anteile der einzelnen Sportarten an den redaktionellen Sportsendungen in ARD und ZDF führt Fußball vor Tennis, Eishockey, Leichathletik, Ski alpin, Eiskunstlauf und Handball. Vgl. DAHMS, Heike (1988), a.a.O., S. 239, Tabelle 2 und EMIG, Jürgen (1988), a.a.O.

20 Noch 1986 galt folgende Reihenfolge (in Klammern die Anzahl der Sendestunden): Fußball (234), Tennis (150), Eissport (47), Ski (45), Leichtathletik (31), Reiten (19), Motorsport (18). Quelle: Welt am Sonntag vom 13.12.87.
In der Zahl der Sport-Sondersendungen 1986 in ARD und ZDF führte Fußball (213) vor Tennis (78), Eishockey (38), Leichathletik (24), Ski alpin (16), Eiskunstlauf (15) und Handball (15). Vgl. EMIG, Jürgen (1988) a.a.O. In etwa die gleichen Reihenfolgen und relativen Abstände ergeben sich auch bezüglich der Anteile der einzelnen Sportarten an den redaktionellen Sportsendungen. Vgl. DAHMS, Heike (1988), a.a.O., S. 239, Tabelle 2.

21 Hier schlagen insbesondere die vielstündigen Tennis-Übertragungen von SAT-1 (1989: 211 Stunden) und RTL-plus (195) zu Buche. Die ARD hatte 1989 142 und das ZDF 88 Stunden Tennis im Programm. Für Fußball lauten die entsprechenden Zahlen RTL-plus 96, ARD 83, ZDF 77 und SAT-1 29 Stunden.

22 Quelle: Infas, zitiert nach: Hamburger Abendblatt v. 30.5.1990. Für die weiteren Sportarten lauten die Zahlen: Skisport 116 Sendestunden, Motorsport 103, Pferdesport 102, Leichtathletik 73, Handball 70, Golf 60. Leicht abweichende Zahlen ermittelte Media Control, vgl. Hamburger Abendblatt v. 21.12.89.

23 Vgl. außerdem für Zahlenangaben zum Sendeumfang einzelner Sportarten BERG, Klaus und M.-L. KIEFER (Hrsg.), Massenkommunikation III. Eine Langzeitstudie zur Mediennutzung und Medienbewertung 1964-1985, Frankfurt a.M. 1987; EMIG, Jürgen, Wie reagiert das Sport-Fernsehprogramm auf die Veränderung der Medienstruktur? in: HOFFMANN-RIEM, W. (Hrsg), Neue Medienstrukturen - neue Sportberichterstattung? Baden-Baden 1988, 93-99, DAHMS, Heike, Sport im Fernsehen. Eine Analyse von Angebot und Nutzung, in: Media Perspektiven 4/1988, 238-247; KAPPLER, Ekkehard, Ressourcenstruktur der Sportorganisationen, in: ANDERS, G., E. STRÄHL und A. MOOR (Hrsg.), Sport und Wirtschaft, Magglingen 1988, 120-160.

24 1989 waren die massenattraktivsten Sportsendungen in der Bundesrepublik fast ausschließlich Fußball-Übertragungen, die Einschaltquoten von 30 % erreichten. Bei den (allerdings wesentlich längeren) Tennis-Übertragungen ergaben sich nur Einschaltquoten von 10-15 %. Für die Sport-Sondersendungen in ARD und ZDF 1986 lauten die durchschnittlichen Einschaltquoten: Fußball 29 %, Leichathletik 18 %, Ski nordisch 15 %, Tennis 14 %, Handball 12 %, Motorsport 12 %, Eishockey 11 %, Eiskunstlauf 11 %, Ski alpin 11 %. Vgl. EMIG, Jürgen (1988), a.a.O. und DAHMS, Heike (1988), a.a.O. Für die Nachbarländer ergeben sich erwartungsge-

Sport hat im Vergleich zu anderen Sendesparten (Spielfilme, Nachrichten) eine hohe Polarisierungswirkung auf die Gesamtzuschauerschaft. Das bedeutet, ein Teil des Publikums hat ein starkes Interesse an einer bestimmten Sportsendung und ordnet diesem gegebenenfalls zeitlich konkurrierende Aktivitäten unter. Die Intensität des Interesses ist überdurchschnittlich hoch, so daß es sich auch gegen konkurrierende Wünsche anderer häufig durchsetzt.[25]
Gleichzeitig gibt es eine bedeutende Anzahl von Zuschauern, die Sportsendungen generell oder bestimmte Sportarten stark ablehnen, sie also im Zweifel auch nicht en-passant konsumieren würden.[26]
Das Merkmal des intensiven Interesses eines wesentlichen Teils der Zuschauer an Sport im Fernsehen hat diese Programmsparte zu einem Hauptschauplatz der Konkurrenz um Einschaltquoten zwischen den öffentlich-rechtlichen Rundfunkanstalten und den Privaten sowie zwischen den privaten Fernsehveranstaltern gemacht. Dies gilt gegenwärtig vor allem für die Spitzenereignisse in besonders massenattraktiven Sportarten wie Fußball und Tennis. Wer derartige Sportveranstaltungen überträgt, kann mit hohen Gesamt-Zuschauerzahlen rechnen, was insbesondere für die werbefinanzierten Programme von vorrangiger Bedeutung ist.
Einzelne Sportereignisse sind für die Sport-Interessierten stark herausgehoben und kaum substituierbar - im Gegensatz z.B. zu einem Spielfilm, der leicht durch einen anderen ersetzt werden kann. Sport in regional nicht terrestrisch empfangbaren Programmen ist deshalb auch mehr als andere Programmsparten geeignet, Zuschauer zur Beschaffung eines Kabelanschlusses oder einer Satelliten-Antenne zu bewegen. Es ist deshalb kein Zufall, daß mit dem Aufkommen der Privaten gerade der Sport zu einem Konfliktfeld geworden ist. Es ist zu erwarten, daß sich mit zunehmenden technischen Reichweiten von SAT-1, RTL-plus und weiteren Programmen gerade im Bereich der Sportsendungen der Wettbewerb noch intensivieren wird.

mäß abweichende Anteile, wobei jedoch der Fußball ebenfalls an der Spitze liegt. Vgl. für die Schweiz STEINMANN, M. und R. MEIENBERGER (1988), a.a.O., für Österreich BÄSSLER, Roland (1988), a.a.O., für Belgien CLAYS, Els (1986), a.a.O.

25 Deshalb ist gerade Sport ein häufiges Konfliktfeld in Familien mit nur einem Fernsehgerät. Außerdem gibt es besonders dann massive Zuschauer-Proteste, wenn eine programmlich eingeplante Sendung wegen einer Sportübertragung ausfällt oder verschoben wird. Vgl. FRANK, Bernward, Nutzung des Sports im Fernsehen, in: HOFFMANN-RIEM, W. (1988), a.a.O., 32-37.

26 39 % stark oder sehr stark Interessierten stehen 41 % eindeutig Desinteressierte gegenüber. Vgl. BERG, Klaus und M.-L. KIEFER (Hrsg.), Massenkommunikation III. Eine Langzeitstudie zur Mediennutzung und Medienbewertung 1964-1985, Frankfurt a.M. 1987.

1.3 *Ökonomische Fragestellung und Gang der Untersuchung*

Ein Recht auf unentgeltliche Kurzberichterstattung wirft zunächst ein grundsätzliches ökonomisches Problem auf, das kurz beleuchtet werden muß. Ein zentrales Effizienzprinzip der Volkswirtschaft besteht darin, daß der Ressourcenverzehr (Produktionskosten) jeder Gütereinheit durch eine entsprechende Wertschätzung der Konsumenten bzw. Verwender legitimiert sein muß. In »normalen Märkten« drückt sich dies in den Zahlungsbereitschaften der potentiellen Kunden aus, die durch die gesamte Nachfragefunktion eines Marktes repräsentiert werden.

Realisiert wird dieser Zusammenhang im konkreten Fall durch die Anwendung des preislichen Ausschlußprinzips. Dieses bedeutet, daß der Anbieter die tatsächliche Möglichkeit hat, solche Nutzer vom Konsum auszuschließen, die nicht bereit sind, den geforderten Preis zu zahlen. Dadurch ist er normalerweise in der Lage, von den Nutznießern des Produktes die Erlöse zu erzielen, die ihm die Deckung seiner Produktionskosten und die Erwirtschaftung eines Einkommens ermöglichen.

Falls in der Praxis für ein bestimmtes Gut aus irgendwelchen Gründen das Ausschlußprinzip nicht angewendet werden kann, so daß wegen der Free-Rider-Positionen seiner Nutzer keine hinreichenden Erlöse erwirtschaftet werden können, würde eine private Produktion unterbleiben. Wenn das Gut aber dennoch sozial erwünscht ist, wird in vielen Fällen der Staat dieses als »öffentliches Gut« bereitstellen und die Produktion aus Zwangsbeiträgen (Steuern) finanzieren. Die Bereitstellung öffentlicher Güter wirft eine Vielzahl von Problemen der richtigen Art, Menge etc. auf, die in normalen Märkten automatisch über das Ausschlußprinzip und den Wettbewerb der Anbieter untereinander gelöst würden. Wenn ein Ausschluß möglich ist, funktioniert eine marktliche Steuerung in aller Regel effizienter als eine öffentliche Bereitstellung.

Um das Ausschlußprinzip in der Realität auch für solche Produkte funktionsfähig zu halten, bei denen kein physischer Ausschluß realisiert werden kann, definiert die Rechtsordnung Eigentumsrechte (zum Beispiel an immateriellen Gütern wie Sendeinhalten). Diese sind in einigen Fällen schon deshalb erforderlich, um die Erstellung der betreffenden Güter überhaupt zu ermöglichen, in anderen Fällen dienen sie der Erhöhung der Gesamterlöse bei auch sonst stattfindender Produktion.

Ein Gesetz, das ein Recht auf unentgeltliche Kurzberichterstattung schafft, macht dieses praktisch zu einem öffentlichen Gut (im ökonomischen Sinne). Wäre dies die einzige Erlösquelle der Produzenten (Sportveranstalter), würde das zugrundeliegende Gut »Sportveranstaltung«, deren Produktion die Kosten verursacht, gar nicht erwerbswirtschaftlich erstellt werden können. Eine freie Kurzberichterstattung ohne Entgelte stellt - ganz unabhängig von etwaig bestehenden Wirkungen auf andere Erlöse - eine Verhinderung der Anwendung des preislichen Ausschlußprinzips für diesen speziellen Absatzmarkt dar und ist insofern ein Eingriff in ein Grundprinzip einer marktwirtschaftlichen Ordnung, der eine entsprechende Rechtfertigung durch andere Rechtsgüter erfordert.

Deshalb und falls es dadurch wirtschaftliche Nachteile für Sportveranstalter und/oder Hauptrechteinhaber gibt, ist das Problem der gesetzlichen Regelung der freien Kurzberichterstattung im Kern eine normative Frage der Rechtsgüterabwägung. Auf der einen Seite steht das Rechtsgut des möglichst freien Informationsflusses über alle relevanten Ereignisse in der Gesellschaft. Hier kann eine Parallele zu Nachrichten über politische Entwicklungen und allgemeines Weltgeschehen gezogen werden. Es würde als unakzeptabel betrachtet werden, wenn aus wirtschaftlichen Gründen einzelne Programme keinen Zugang zu bestimmten Informationen haben würden oder bestimmte Teilgruppen der Bevölkerung aus Gründen mangelhafter Distributions-Infrastruktur[27] von solchen Information ausgeschlossen wären. Fraglich ist allerdings, welche Art der Nachrichten-Präsentation zu dem unabdingbaren Minimum zu rechnen ist. Auf der anderen Seite ist Sport zu einer Unterhaltungsindustrie geworden. Der starke Zuwachs der Nachfrage nach Sportkonsum hat eine Reihe von Sportarten professionalisiert. Als Ergebnis dieser Entwicklung sind in verschiedenen Sportarten Veranstaltungen erster Güte nur noch dann durchführbar, wenn die jeweiligen Sportveranstalter über eine Anwendung des preislichen Ausschlußprinzips die Erlösmöglichkeiten auf ihren Absatzmärkten auch realisieren. Eine Option auf lizenzgebührenfreie Kurzberichte für alle Fernsehprogramme könnte also eventuell die materiellen Positionen der Sportveranstalter beeinträchtigen.

Ob Letzteres quantitativ relevant ist und insofern ein Gewicht für die Rechtsgüterabwägung haben kann, soll in dieser Studie untersucht werden. Die Frage, die dabei in erster Linie interessiert, ist also diejenige nach dem quantitativen Umfang möglicher Effekte durch ein Recht auf unentgeltliche Kurzberichterstattung. Die Zusammenhänge und Wirkungen werden dabei ausschließlich ökonomisch betrachtet. Im Mittelpunkt stehen die einzelwirtschaftlichen Folgen, während gesamtwirtschaftliche Aspekte nur ergänzend beleuchtet werden.

27 Die Möglichkeit für Kabel und/oder Satelliten-Empfang aller relevanten Fernsehprogramme ist seit kurzem prinzipiell für alle Bundesbürger gegeben, wenngleich für einige nur zu hohen Kosten. Wegen der effektiv geringen technischen Reichweite ist es jedoch gerechtfertigt, hier weiterhin von einer mangelhaften Distributions-Infrastruktur zu sprechen.

Die wichtigsten Wirkungszusammenhänge der Studie sind in Abb. 1-1 in der Übersicht dargestellt.

Abb. 1-1: Wirkungszusammenhänge

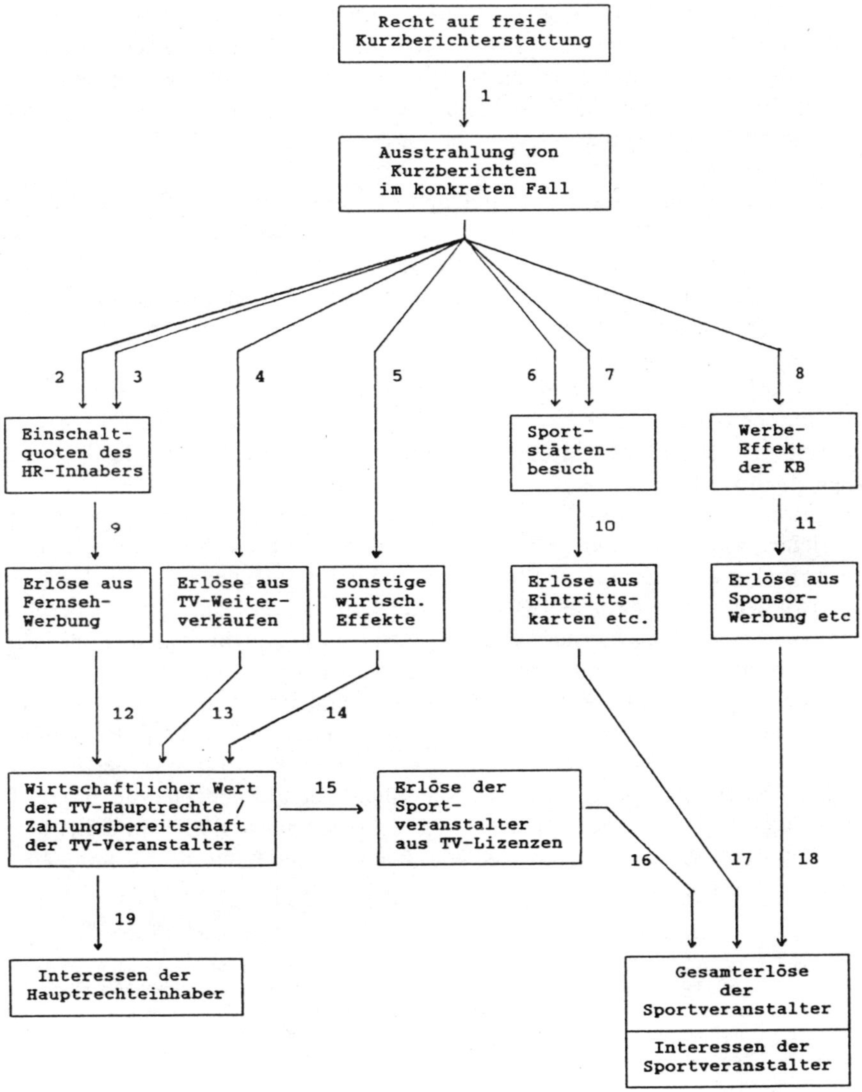

Pfeil 1 kennzeichnet die Wirkung eines bestehenden Rechtes auf unentgeltliche Kurzberichterstattung auf die tatsächliche Ausstrahlung eines Kurzberichtes im konkreten Fall. Da die Produktion von Kurzberichten relativ hohe Kosten pro Sendeminute verursacht und nicht alle Sportereignisse von ihrer Bedeutung her dies redaktionell rechtfertigen, wird ein Fernsehveranstalter in vielen Einzelfällen auf eine Kurzberichterstattung verzichten. Dies wird in Kapitel 6 diskutiert, wobei das Recht auf unentgeltliche Kurzberichterstattung und die »kommerzielle Kontrahierung« miteinander verglichen werden. Die Erörterung wurde ans Ende der Studie gesetzt, weil für die Beantwortung eine Reihe von Einzelfaktoren relevant sind, die in den Kapiteln vorher untersucht werden.

Die Beantwortung dieser Frage und vieler anderer Effekte im Einzelfall hängt insbesondere von der Art des Sportereignisses und der Plazierung des Kurzberichts im Programm ab.[28] Für die Kapitel 2 bis 5 wird unterstellt, daß das Recht auf unentgeltliche Kurzberichterstattung tatsächlich genutzt wird.

Die verschiedenen Wirkungen der Kurzberichte werden dann im folgenden in drei große Gruppen gegliedert, und zwar die Wirkung auf den Besuch der Sportstätten (Pfeile 6, 7 und 10), die Wirkungen auf die Einschaltquoten der Hauptrechteinhaber (Pfeile 2 bis 5 und 9) und die Wirkungen auf die Erlöse der Sportveranstalter aus Sponsorwerbung (Pfeile 8 und 11), was in Kapitel 5 behandelt wird.

Kapitel 3 untersucht den Einfluß des Fernsehens und insbesondere der Kurzberichte auf den Besuch der Sportstätten und damit auf die Nachfrage nach Eintrittskarten. Diesbezüglich werden verschiedene mögliche Effekte der Minderung des Stadionbesuchs (Pfeil 6) unterschieden und analysiert. Außerdem kommen möglicherweise auch Reklame-Effekte von Kurzberichten (Pfeil 7) in Betracht, die den Stadionbesuch steigern können.

Kapitel 4 beinhaltet die kompliziertesten Zusammenhänge der Studie, nämlich diejenigen bezüglich der Wirkungen von Kurzberichten auf die Einschaltquoten des Hauptrechteinhabers, die dessen Erlöse aus Werbung bestimmen. Hierzu ist es erforderlich, zunächst die inhaltlichen Grundlagen der Preisbildung von Sport-TV-Lizenzen zu erörtern und eine ganze Reihe von Fällen bezüglich der Nutzung von Hauptrechten, Kurzberichten und ihrer Kombinationen zu untersuchen.

28 Die Zuschauer haben bei den einzelnen Sportarten spezifische Konsuminteressen und es sind unterschiedliche Faktoren für die Bestimmung der Nachfrage bzw. der Einschaltquoten relevant. Diese Faktoren werden in Abschnitt 2.2 beschrieben. Vgl. zur »Zusammenfassungs-Eignung« einzelner Sportarten die Abschnitte 2.2.2 und 4.3.1. Plazierungen eines Kurzberichtes zum Ereignis und zur entsprechenden Sportsendung im Programm des Hauptrechteinhabers werden in den Abschnitten 4.3.2 und 4.3.3 behandelt.

Pfeil 4 in Abb. 1-1 kennzeichnet die Wirkung der unentgeltlichen Kurzberichterstattung auf die Erlöse der Hauptrechteinhaber aus dem Weiterverkauf von Kurzberichts-Rechten und Kurzberichts-Signalen an andere Fernsehveranstalter. Dazu erfolgt in Kapitel 6 ein analytischer Vergleich zwischen den Bedingungen einerseits der kommerziellen Kontrahierung und andererseits bei Bestehen eines Rechts auf freie Kurzberichterstattung.
Pfeil 5 umfaßt mögliche sonstige Effekte von freien Kurzberichten auf die wirtschaftlichen Interessen der Hauptrechteinhaber. Diese könnten zum Beispiel an der Schaffung eines Image als »Sportsender« interessiert sein oder Wirkungen auf die Verkabelungsentscheidungen der Haushalte erzielen wollen.
Die Einflüsse 12 bis 15 beschreiben die Wirkungen der verschiedenen Effekte auf die Zahlungsbereitschaft eines potentiellen Hauptrechte-Erwerbers für ein Sportereignis. Die Zahlungsbereitschaften der verschiedenen Fernsehveranstalter sind die Hauptdeterminanten der für die Sportveranstalter konkret erzielbaren Preise und damit für ihre Erlöse aus TV-Lizenzen.
Kapitel 2 beinhaltet eine Reihe von Aspekten, die für die spätere Analyse benötigt werden bzw. den begrifflichen und inhaltlichen Hintergrund liefern. Sie werden separat behandelt, um die einzelnen Erörterungen später davon zu entlasten. Die Studie beinhaltet also bezüglich der Kurzberichte drei inhaltliche Hauptwirkungs-Zusammenhänge, und zwar auf Eintrittskarten-Erlöse, Einschaltquoten und Sponsorwerbung. Die Ergebnisse der Kapitel 3 bis 5 werden dann in Kapitel 6 in ihren ökonomischen Interaktionen zusammengefaßt. Es wird dort problematisiert, ob das Recht auf unentgeltliche Kurzberichterstattung auch tatsächlich genutzt wird, inwiefern es einen Unterschied zu kommerzieller Kontrahierung gibt, sowie nach eventuellen wirtschaftlichen Nachteilen für die Beteiligten gefragt.

Kapitel 2:

Ökonomische Merkmale von Märkten für Sportkonsum

2.1 *Definitionen und Problemstellung*

2.1.1 *Einleitung*

Zunächst ist es notwendig, einige grundsätzliche Bemerkungen zur Funktionsweise der Märkte im Sportsektor zu machen. Da eine Reihe von öffentlich sichtbaren Phänomenen die Vermutung nahelegen, daß der Sektor Sport von den üblichen Märkten erheblich abweicht, stellen sich Fragen nach der Art des Produktes, nach der Rolle der Akteure und nach eventuellen funktionalen Besonderheiten.[1]

Es werden zunächst einige für die Fragestellung wichtige begriffliche Abgrenzungen vorgenommen, die in der (überwiegend nicht-ökonomischen) Literatur uneinheitlich verwendet werden. Weitere Abschnitte beschäftigen sich in aller Kürze mit einigen ökonomischen Bedingungen des Profisports. Dies erscheint erforderlich, um die Rolle des Fernsehens für den Sport verstehen zu können. Der Kern der Fragestellung dieser Studie bezieht sich auf Interaktionen zwischen verschiedenen relevanten Märkten, die durch unterschiedliche Arten von Nachfragern entstehen. Die wesentlichen Elemente dieser Nachfrage sind in Abschnitt 2.2 erläutert. Da Art und Umfang der Nachfrage nach verschiedenen Sportarten und Sportereignissen stark differieren, sind wesentliche Faktoren und analytische Konstrukte hier im Zusammenhang erläutert, um die Hauptkapitel davon zu entlasten.

1 Vgl. allgemein zur Ökonomie des Sports HEINEMANN, Klaus (Hrsg.), Texte zur Ökonomie des Sports, Schorndorf 1984; HEINEMANN, Klaus, Elemente einer Ökonomie des Sports, in: Jahrbuch für Sozialwissenschaft 38, 1987, 232ff; GRATTON, E. und B. LISEWSKI, The Economics of Sport in Britain: A Case of Market Failure? in: British Review of Economic Issues 8, 1981; CAIRNS, J., N. JENNETT und P.J. SLOANE, The Economics of Professional Team Sports: A Survey of Theory and Evidence, in: Journal of Economic Studies 13 (1986), 3-80; GÄRTNER, Manfred, Sport in marktwirtschaftlichen Ordnungen: Was kann der Marktmechanismus im Sport leisten? in: ANDERS, G. und E. STRÄHL und A. MOOR (Hrsg.), Sport und Wirtschaft, Magglingen 1988, 41-63; HEINEMANN, Klaus, Besonderheiten einer Ökonomie des Sports, im gleichen Band, 65-78.

Außerdem ist es notwendig, die wesentlichen Funktionen des ökonomischen Sektors Sport von der Angebotsseite her zu analysieren. Darüber hinaus werden ökonomische Zusammenhänge erklärt, die für das Verständnis der gegenwärtigen Situation auf dem Sportsektor relevant sind.

2.1.2 *Sportereignisse und Sportveranstalter*

Sport findet in sehr unterschiedlichen zeitlichen und organisatorischen Strukturen statt. Diese sind je nach Sportart sowohl von den jeweiligen Regeln, als auch von den spezifischen Produktions- und Konsumtions-Bedingungen abhängig. Es ist deshalb zunächst zu klären, was unter einem Sportereignis und einer Sportveranstaltung verstanden wird.

Die ökonomisch relevanten Einheiten können innerhalb einer Sportart und zwischen verschiedenen Sportarten stark differieren. Darüber hinaus kann es wegen bestimmter Konsuminteressen zur Zusammenfassung von kleineren zu größeren Einheiten kommen, um durch Vergabe von Titeln, Rangplätzen etc. beim Zuschauer einen Gesamtzusammenhang herzustellen, der die Transparenz über die verschiedenen Wettkämpfe und die Attraktivität der Einzelereignisse erhöht.[2] Die sportliche und konsumtive Bedeutung einzelner Einheiten im Verhältnis zur Gesamtheit ist ebenfalls sehr unterschiedlich.[3]

Um trotz der angedeuteten Abgrenzungsprobleme zu einer für alle Sportarten anwendbaren Begrifflichkeit bezüglich der relevanten sportlichen Einheiten zu kommen,[4] werden hier folgende vier Ebenen verwendet: Sportereignisse, Sportveranstaltungen, Liga, Serie.

Unter einer Sportveranstaltung wird eine zeitlich kompakte Sporteinheit verstanden, die nach außen hin wirtschaftlich und sportlich geschlossen und abgrenzbar in Erscheinung tritt. Das heißt, eine Sportveranstaltung hat in aller Regel einen Sportveranstalter, der die organisatorische und wirtschaftliche Gesamtverantwortung trägt. Eine Sportveranstaltung findet an einem oder mehre-

2 Zum Beispiel kann ein Fußballspiel ein Einzel-Ereignis sein, Teil eines Turniers (z.B. Weltmeisterschaft), einer Pokalrunde oder einer Liga-Saison. Ein Tennisspiel wird in der Regel (außer bei Mannschafts-Wettbewerben wie dem Davis-Cup) Teil eines Turniers sein. Einzelergebnisse werden wiederum zu Weltcup-Wertungen, Weltranglisten etc. zusammengefaßt.

3 So bestehen beispielsweise Radsport-Veranstaltungen wie die Tour de France oder der Giro d'Italia aus mehreren Etappen, die jeweils ein Endergebnis mit einem Wettkampfsieger hervorbringen. Dagegen dienen Vor-, Zwischen- und Endläufe etwa bei Rennen in der Leichtathletik lediglich der kontinuierlichen Verringerung des Teilnehmerfeldes, da aufgrund der Sportstätten nur eine begrenzte Anzahl von Läufern gegeneinander antreten kann.

4 Jede derartige Abgrenzung, die versucht, für alle Sportarten ein gemeinsames Begriffsraster zu erstellen, beinhaltet Grenzfall-Probleme.

ren, nahe beieinanderliegenden Tagen statt und besteht aus ein oder mehreren Sportereignissen.[5]

Ein Sportereignis[6] ist eine sportliche Einheit, die nach den Regeln der jeweiligen Sportart abgegrenzt und zeitlich unmittelbar zusammenhängend ist. Es kann daher als die kleinste, selbständige Gesamtheit angesehen werden und findet in der Regel am gleichen Tag statt.[7] Diese relativ enge Definition ist bei den meisten Sportarten adäquat und plausibel, bei einigen aber nicht ganz unproblematisch.[8] Eine noch engere Abgrenzung[9] erscheint jedoch für unsere Fragestellung nicht sinnvoll.[10]

Sportveranstaltungen bzw. Sportereignisse werden häufig in einem größeren Rahmen zusammengefaßt, z.B. in einer Serie oder in der Saison einer Liga. Dies hat hier deshalb besondere Bedeutung, weil auf ein bestimmtes Ereignis weitere der gleichen Art folgen, zwischen denen die Konsumenten einen Zusammenhang herstellen (Markenartikel-Effekt).

Eine Liga besteht aus einer Menge von Mannschaften, die nach einem gemeinsamen Plan regelmäßig Wettkämpfe gegeneinander austragen, deren Ergebnisse zu einer Gesamtwertung aggregiert werden. Ligen sind in der Regel relativ festgefügte Einheiten, die innerhalb einer Saison aus den gleichen Teams bestehen und zwischen diesen allenfalls geringfügig verändert werden. Unter einer Serie werden zeitlich auseinanderliegende Sportveranstaltungen der gleichen Art verstanden, die durch einen aggregierenden Wertungs-Modus verbunden sind.[11] Dies betrifft überwiegend Individualsportarten. Die Teilnehmer der einzelnen Veranstaltungen sind zu einem erheblichen Anteil identisch. Ei-

5 In einzelnen Fällen auch bis zu wenigen Wochen. Beispiele für Sportveranstaltungen sind Olympische Spiele, Fußball-Weltmeisterschaften, Leichtathletik-Europameisterschaften, Deutsche Turnmeisterschaften, ein Tennis-Turnier, eine Daviscup-Begegnung, ein Rad-Etappenrennen (Tour de France), Kieler Woche.

6 Die Begründung zu Artikel 10 a des Staatsvertrages, der nicht nur *Sport*veranstaltungen umfaßt, verwendet eine andere Begriffsdifferenzierung zwischen Veranstaltung und Ereignis: *»Das Recht bezieht sich auf »Veranstaltungen« und »Ereignisse«. Der begriffliche Unterschied besteht darin, daß es sich bei »Veranstaltungen« um organisierte, vorher bestimmte Zusammenkünfte handelt (z.B. Sportveranstaltungen, Theaterpremieren, Ausstellungseröffnungen), bei »Ereignissen« um sonstige, insbesondere unvorhersehbare Geschehnisse (z.B. Grubenunglück).«* Im Sinne dieser Definition wären praktisch alle Sportgeschehnisse, von denen in dieser Studie die Rede ist, »Veranstaltungen«.

7 Sportereignisse sind zum Beispiel ein Fußballspiel, ein Tennis-Match, eine Etappe des Giro d'Italia, ein Boxkampf, ein Marathon-Lauf, eine einzelne Regatta.

8 Zum Beispiel bei Mehrkämpfen, die an verschiedenen Tagen stattfinden (Zehnkampf, Moderner Fünfkampf, Turn-Zwölfkampf).

9 Man könnte im Extremfall etwa eine einzelne Reck-Kür oder den 400-m-Lauf innerhalb eines Zehnkampfes als individuelles Ereignis betrachten.

10 Die inhaltlichen Effekte dieser Begriffsabgrenzung auf einzelne Grenzfälle sind für das Thema mit dem Konstrukt der »kumulativen Kurzberichte« zu bewältigen.

11 Typische Beispiele sind der Tennis-Grand-Prix, Ski-Weltcup, Golf-US-Tour, Formel-1-WM.

nige der nachfragerelevanten Merkmale einer Serie weisen auch zeitlich gestreckte Pokalwettbewerbe bei Team-Sportarten auf.[12]
Bezüglich der Akteure im Sport-Geschäft wollen wir im Hinblick auf die Fragestellung anhand der Abb. 2-1 ebenfalls einige vereinfachende Begriffsabgrenzungen vornehmen, die für alle Sportarten anwendbar sind. Die zentrale wirtschaftliche Handlungseinheit ist der Sportveranstalter. Dieser wird hier rein funktional als derjenige definiert, der eine Sportveranstaltung organisiert und das wirtschaftliche Risiko trägt. Das heißt, der Sportveranstalter sorgt für den ordnungsgemäßen Ablauf der Veranstaltung, stellt die Sportstätten bereit, engagiert die Sportler bzw. Teams[13] und trägt die Kosten der Veranstaltung.

Abb. 2-1: Sportveranstalter, Faktoren und relevante Märkte

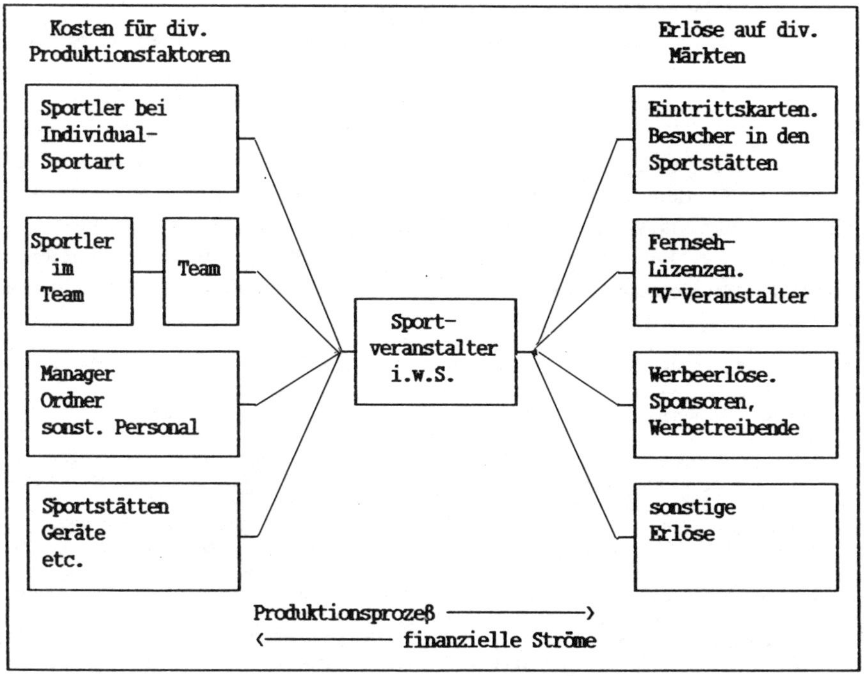

12 Wir wollen diese deshalb hier trotz differierender Modi zur Vereinfachung dazuzählen (z.B. DFB-Pokal, Europa-Pokal, Davis-Cup).
13 Soweit dies nicht zum Beispiel durch einen Liga-Spielplan bereits festliegt.

Der Sportveranstalter realisiert die Erlösmöglichkeiten auf den jeweils relevanten Märkten, insbesondere durch Verkauf von Eintrittskarten, Vergabe von Fernseh-Rechten, Abschluß von Sponsoren- und sonstigen Werbe-Verträgen, Vergabe von Rechten zum Getränke- und Fanartikel-Verkauf etc.[14] Der Sportveranstalter trägt - unbeachtlich eventueller vertraglicher Vereinbarungen über erfolgsabhängige Entgelte für andere Akteure - das wirtschaftliche Risiko.

Der Sportveranstalter kann ein von den anderen Akteuren unabhängiger Unternehmer sein, der die sportlichen Teilnehmer wie normale Produktionsfaktoren betrachtet. Er kann jedoch auch mit einzelnen Teilnehmern identisch sein.[15] Drittens (z.B. bei einer Weltmeisterschaft) kann die Rolle des Sportveranstalters von einer Organisation (Verband) wahrgenommen werden, in der einzelne Akteure direkt oder indirekt Miglieder oder an denen sie anderweitig beteiligt sind.

Veranstalter können sich ihrerseits bezüglich einiger Funktionen zusammenschließen und z.B. eine feste Liga bilden, die gegenüber ihren Marktpartnern oder potentiellen Konkurrenten wie ein Kartell auftritt.[16] Sie können sich dementsprechend monopolistisch im Außenverhältnis zu den Fernsehveranstaltern und gegebenenfalls gegenüber ihren angestellten Sportlern verhalten.[17] Andere Organisationsformen von Sportveranstaltern dienen eventuell nur zur Koordi-

14 In einer Reihe von Fällen sind auf der Einnahmen- und Ausgabenseite noch die Zahlungen für Spieler-Transfers relevant. Diese lassen wir hier jedoch zur Vereinfachung außer Betracht, indem wir sie unter die Einkommens-Entgelte für Teams bzw. Sportler subsumieren (additiv oder subtraktiv).

15 Dies ist typischerweise bei Liga- oder Pokalspielen in Mannschafts-Sportarten der Fall, wo die Heimmannschaft die Rolle des Sportveranstalters einnimmt.

16 Vgl. zu diesem Phänomen die Literatur bezüglich der Teamsport-Ligen in den USA wie etwa DEMMERT, Henry G., The Economics of Professional Team Sports, Lexington (Mass.) 1973; JOHNSON, Arthur T., und James H. FREY (Hrsg.), Government and Sport, New Jersey 1985; MARKHAM J.W. und P.V. TEPLITZ, Baseball Economics and Public Policy, Lexington 1981; NOLL, Roger G. (Hrsg.), Government and the Sports Business, Washington D.C., 1974; NOLL, Roger G., Major League Team Sport, in: Walter ADAMS, The Structure of American Industry, New York 1977; QUIRK, James und M. HODERI (1984), Die Wirtschaftstheorie einer Berufssportliga, in: HEINEMANN, Klaus (Hrsg.), Texte zur Ökonomie des Sports, Schorndorf 1984, 113-125 (aus: The Economic Theory of a Professional Sports League, in: NOLL, Roger (Hrsg.), Government and the Sports Business, Washington D.C.).

17 Einzelne Sportler können grundsätzlich Teilnehmer von Individual-Wettbewerben oder Mannschafts-Wettbewerben sein. Diesbezüglich ist ihre Rolle in wirtschaflicher Hinsicht höchst unterschiedlich. Insbesondere für Mannschafts-Sportarten existiert zum Verhältnis zwischen Sportlern und ihren Arbeitgebern eine umfangreiche Literatur. Vgl. z.B. NOLL, Roger G., Major League Team Sport, in: Walter ADAMS, The Structure of American Industry, New York 1977; DABSCHECK, B., The Wage Determination Process for Sportsmen, in: Economic Record 51 (1975), 52-65; DABSCHECK, B., Sporting Equality: Labor Market versus Product Market Controll, in: Journal of Industrial Relations 2 (1975), CAIRNS, J., N. JENNETT und P.J. SLOANE, The Economics of Professional Team Sports: A Survey of Theory and Evidence, in: Journal of Economic Studies 13 (1986), 3-80.

nation von Terminen, Regeln etc. Trotz dieser verschiedenen institutionellen Formen werden im folgenden nur die Sportveranstalter als relevante Einheit für die ökonomische Analyse betrachtet.

2.1.3 *Professionalisierung im Sport*

Wenn die wirtschaftlichen Aspekte des Sports diskutiert werden, ist sofort von der Professionalisierung bzw. Kommerzialisierung des Sports die Rede. Dies hat in den letzten 2 bis 3 Jahrzehnten stark zugenommen und geht mit kräftig steigenden Preisen, Budgets und Sportler-Einkommen einher. Wie erklärt sich diese Entwicklung und warum ist sie bei den verschiedenen Sportarten so unterschiedlich?

Damit zusammen hängt auch die Frage, die in der Diskussion um die Fernsehrechte mitschwingt, nämlich ob der Sport vorrangig ein kommerzielles oder ein nicht-kommerzielles Ereignis ist. Betrachten wir dies zunächst überspitzt anhand von zwei Extrempunkten.

Eine puristische Position betont, daß Sport primär eine private Aktivität von Sportlern ist. Zuschauer sind dabei prinzipiell Nebensache. Ein Eintrittspreis wird nicht erhoben oder ist jedenfalls kein wesentlicher Teil der Finanzierung von Kosten der Sportanlagen, -geräte, Reisekosten etc., die von den Sportlern selbst getragen werden. Dies gilt in der Tat für die große Mehrzahl aller sportlichen Aktivitäten. Die besten Freizeitsportler einer Region finden Zuschauer-Interesse bei anderen und haben ab einem bestimmten Punkt auch Nachrichtenwert für die lokale Presse. Lizenzgebühren irgendwelcher Art werden von den Medien nicht gezahlt. Die Sportler, Vereine etc. sind zufrieden, wenn ihr Ereignis überhaupt in den Medien erscheint.

Der andere Extrempunkt basiert auf der Feststellung, daß heutzutage bestimmte Sportveranstaltungen nur deshalb stattfinden, weil damit Einkommen und Gewinne erzielbar sind. Die Akteure sind Profis und damit für ihren Lebensunterhalt auf die Einkünfte aus der Teilnahme an Sportveranstaltungen angewiesen.

Zwischen beiden Extremen existiert eine Fülle von Formen der teilweisen Finanzierung der Kosten der Sportveranstaltungen bis zur partiellen Einkommenserzielung durch einzelne Ereignisse, ohne daß die Sportler damit schon Profis würden. Dies ist zwischen den verschiedenen Sportarten und abhängig von Leistungsniveau, Region etc. sehr unterschiedlich.[18]

18 Hier besteht eine Analogie beispielsweise zur Musik. Viele Menschen musizieren als Freizeitvergnügen. Einige sind als Berufs-Musiker auf die Einkünfte angewiesen. Dazwischen gibt es eine Fülle von partiellen Einnahmen, Finanzierungen etc.

Betrachten wir nun zur Annäherung an den Begriff der Professionalisierung die Abb. 2-2, die ein vereinfachtes Produktionskonto eines Sportveranstalters darstellt. Darin gibt KI die Kosten der externen Inputs wie Sportanlagen, Sportgeräte etc. wieder. KS sind die Kosten für die Einkommen der beteiligten Sportler,[19] PV sind die Kosten für sonstiges Personal (Trainer, Ordner etc.) und G die Gewinne der Sportveranstalter. Auf der rechten Seite stehen die Erlöse aus Eintrittskartenverkäufen EE, Fernsehrechten EF, Sponsorwerbung ES und anderem EA.

Abb. 2-2: Produktionskonto eines Sportveranstalters

Input			Output
externe Inputs	KI	EE	Eintritts-karten
Einkommen der Sportler	KS	EF	Fernseh-Lizenzen
sonstiges Personal	PV	ES	Sponsor-Werbung
Gewinn	G	EA	sonstige Erlöse

Eine zumindest teilweise Professionalität besteht, wenn KS > 0, das heißt wenn die Sportler Einkommen aus dem Sport beziehen[20] bzw. ihre diesbezüglichen Erlöse die Kosten übersteigen. Von einem Vollprofi sprechen wir, wenn der Sportler den überwiegenden Teil seines Einkommen aus dem Sport bezieht. Unter der Voraussetzung, daß KI > 0 oder PV > 0 gilt, sind zur Bezahlung der Sportler ausreichende Erlöse (EE+EF+ES+EA > 0) auf den Märkten erforderlich.

19 Hierzu gehören die direkten Einkommen aus ihrer Sporttätigkeit, nicht solche aus Werbeverträgen etc.

20 Definitorische Voraussetzung sollte hier sein, daß die Einkommen mit einiger Regelmäßigkeit und Prognostizierbarkeit erzielt werden.

Demgegenüber entstehen bei der sportlichen Betätigung der Mehrzahl aller Sporttreibenden keine kostendeckenden Erlöse und die Sportler tragen die Kosten für Sportanlagen, Geräte etc. selbst. Zu unterscheiden von der Darstellung der Abb. 2-1 und 2-2 sind die Angebote zum Sporttreiben, die zunehmend auch durch erwerbswirtschaftliche Unternehmen gemacht werden, während dies früher vor allem gemeinnützige Vereine oder staatlichen Einrichtungen waren. Auch dies könnte man als Kommerzialisierung des Sports bezeichnen, wird hier aber nicht weiter betrachtet. Im folgenden wird generell nicht von Freizeitsport, sondern von Zuschauersport die Rede sein.

Warum sind nun einige Sportarten höher professionalisiert als andere und was bestimmt deren Änderungen im Zeitablauf? Hängt dies eventuell mit der strukturellen Entwicklung innerhalb des Fernsehsektors zusammen? In der Öffentlichkeit werden häufig die exorbitanten Einkommen einiger Sport-Stars erörtert. Bestimmt dies kausal die Höhe der Budgets (Angebotserklärung)? Oder wird umgekehrt die Entwicklung und der Umfang der Professionalisierung (und damit die Höhe der Profi-Einkommen) durch die Erlöse auf der Outputseite bestimmt (Nachfrageerklärung)?

Eine Angebotsbetrachtung setzt bei der Frage an: Wie hoch sind die Kosten der Produktion der Sportereignisse, die durch Erlöse gedeckt werden müßten?[21] Grundsätzlich ist für die Produktion eines Fußballspiels, Tennisturniers und der meisten anderen Sportereignisse Profitum nicht erforderlich. Fast alle Meisterschaften könnten auch ohne den Einsatz bezahlter Sportler stattfinden.[22] Das naheliegende Argument ist, daß mit Profis wegen ihrer besseren Leistungen ein höherwertiges Produkt »Sportveranstaltung« produzierbar ist als mit Amateuren. Dies erklärt aber nur Differenzierungen innerhalb einer Sportart, nicht zwischen Sportarten.

Wie hoch müßten die Gehälter sein, damit die geeigneten Talente Profis werden? Maßstab wäre das Opportunitätseinkommen der Sportler.[23] Selbst wenn wir unterstellen, daß die Betreffenden auch sonst ein überdurchschnittliches Einkommen erzielen würden, ist offensichtlich, daß in den typischen Profi-

21 Ein Sportveranstalter würde argumentieren, daß er die Kosten für Spielergehälter, Ablösesummen, Stadionmiete, Fahrtkosten, Trainingslager etc. decken muß. Dies wirft die Frage auf, warum bei einem bestimmten Sport für einige Gehälter etc. anfallen und für andere nicht, d.h., ob zur Produktion diese Kosten überhaupt erforderlich sind.

22 Dies ist bei vielen Sportarten auch heute noch der Fall und war bei einigen heutigen Profi-Sportarten früher so. Es erscheint sogar fraglich, ob ohne Profisport das Zuschauer-Interesse geringer wäre.

23 Dies ist dasjenige Einkommen, das die betreffenden Sportler in anderen Berufen, die sie sonst ausüben würden, erzielen könnten. Dies wäre auf längere Lebensabschnitte zu beziehen und um andere Nutzenkomponenten und gegenwärtige und zukünftige Einkommensmöglichkeiten zu korrigieren.

sportarten die Durchschnittseinkommen ganz exorbitant über den Opportunitätseinkommen liegen und die Unterschiede zwischen Sportarten nicht erklärt. Wenn wir verschiedene Sportarten auf jeweils demselben Niveau (z.B. Welt-Spitze) vergleichen, stellen wir fest, daß einzelne Sportarten voll, andere teilweise und weitere fast gar nicht professionalisiert sind. Eine Angebotserklärung müßte zeigen, daß entweder die Opportunitätseinkommen für Sportler verschiedener Sportarten unterschiedlich sind oder die Trainingszeit pro aktiver Profizeit in bestimmter Weise voneinander abweicht. Auch derartige Erklärungsversuche würden vollständig fehlschlagen.[24] Ein Angebotsansatz führt also nicht zu einer befriedigenden Erklärung der Professionalisierung, der Einkommenshöhe der Sportler oder der Kosten der Sportveranstalter.
Im Gegensatz dazu betrachtet ein Nachfrage-Ansatz, wieviel kaufkräftige Nachfrage sich auf eine Sportart bzw. ein Sportereignis richtet, die sich in Erlöse umsetzen läßt.[25] Je höher diese Erlöse sind, desto höhere Einkommen werden dort ingesamt erzielt, was sich in einer Erhöhung des Angebots und in steigenden Einkommen der Sportler niederschlägt. Je wesentlicher die einzelnen Sportler für die Qualität des Gesamtproduktes in den Augen der Konsumenten sind, je inelastischer das Angebot von Top-Sportlern bzw. je wichtiger die positionale Qualität,[26] desto stärker wird das Einkommen auf einzelne Stars konzentriert.
Wir können sagen, daß die Professionalisierung einer Sportart fast ausschließlich von der Nachfrageseite her determiniert wird. Wenn die Nachfrage steigt, wird in der Regel auch die Sportart stärker professionalisiert. Im Gegensatz zur Vor-Fernsehzeit, wo Erlöse im wesentlichen Eintrittskarten-Erlöse waren, bewirkt das Fernsehen eine starke Konzentration auf Top-Ereignisse und Top-Sportler. Dies führt im Ergebnis zu einer stärkeren Konzentration der Profi-Einkommen einer Sportart auf wenige Sportler. Welche Faktoren die unterschiedliche Nachfrage nach verschiedenen Sportarten bestimmt, wollen wir in den folgenden Abschnitten betrachten.

24 In einer Reihe von Amateur-Sportarten (wie Schwimmen, Leichtathletik, Turnen etc.) ist der individuelle Trainingsaufwand pro Tag sicher nicht geringer und der Weg zur Spitze nicht kürzer als in Profisportarten wie Fußball, Eishockey etc.

25 Vgl. Abschnitt 2.2.1. Diese Nachfrage kann sich auf Eintrittskarten, TV-Rechte, Sponsorwerbung, etc. richten oder direkt auf Leistungen von einzelnen Teams oder Sportlern. Diese Nachfrage kann direkte (Tickets) oder abgeleitete Nachfrage (TV-Rechte, Werbung) sein. Letzteres bedeutet, daß die Nachfrage nicht vom Endnutzer erfolgt, sondern von Wirtschaftssubjekten, die Inputfaktoren erwerben.

26 Vgl. zum Begriff der positionalen Qualität Abschnitt 2.2.3.

2.2 *Nachfrage nach Sport*

Die Nachfrage nach Sport bezieht sich im folgenden ausschließlich auf das Angebot der Sportveranstalter im oben genannten Sinne. Dies ist einerseits die Nachfrage nach Sportkonsum von Zuschauern im Stadion oder vor dem Bildschirm und andererseits die Nachfrage von Sponsoren und Werbetreibenden. Nicht einbezogen ist also die Nachfrage nach eigener Sporttätigkeit der Individuen. Für Sportveranstalter sind nur insoweit Erlöse erzielbar, wie sie in der Lage sind, das preisliche Ausschlußprinzip anzuwenden, das heißt solche Nutzer vom Konsum auszuschließen, die nicht den von ihm geforderten Preis zu zahlen bereit oder in der Lage sind.

2.2.1 *Relevante Märkte*

Entsprechend der Nachfrage haben sich für das Produkt Sportereignis im wesentlichen drei relevante Märkte herausgebildet, auf denen Sportveranstalter ihre Erlöse erzielen.
Erstens: Der klassische, unmittelbare und über alle Sportereignisse am häufigsten wirtschaftlich bedeutsame Markt für Veranstalter besteht im Verkauf von Eintrittskarten an Zuschauer, die das Sportereignis in den Sportstätten (Stadion, Halle, Tennisplatz etc.) selbst miterleben. Wir bezeichnen dies im folgenden als »direkten Sportkonsum« zur Unterscheidung von Sportkonsum vermittels Medien (insbesondere Fernsehen). Hier sind die Endnutzer (Zuschauer in den Sportstätten) selbst die direkten Nachfrager.[27]
Bezüglich der Zahl der Zuschauer besteht im Rahmen der verfügbaren Kapazität der Stadien Nichtrivalität im Konsum, das heißt, die Gesamtkosten der Sportveranstalter sind weitgehend unabhängig von der Zahl der Stadionbesucher.[28]

27 Der Aufkauf von Eintrittskarten durch Sponsoren bleibt hier außer Betracht. In der Praxis ist dies möglich für ganze Spiele (Werder Bremen/Citroen) oder für einzelne Logen (Davis-Cup). In der 1. und 2. Fußballbundesliga wurden 1989 insgesamt 8 Spiele an Sponsoren verkauft mit zum Teil erheblicher Zuschauerresonanz. So verkaufte Schalke 04 sein Zweitliga-Heimspiel gegen Blau-Weiß 90 Berlin für 160.000 DM an MAZDA und konnte 66.000 Zuschauer verbuchen. Vgl. STROTKÖTTER, J., Fußball im Sonderangebot, in: Kicker, Sonderheft Bundesliga 89/90, Juli bis September 1989, S.188.

28 Längerfristig ist die Stadion-Kapazität eine Variable, die abhängt vom Konsumnutzen bei unterschiedlichen Entfernungen zum Geschehen und den dadurch und durch andere Faktoren bestimmten durchschnittlichen Zuschauerzahlen.

Der zweite relevante Markt ist derjenige für den Verkauf von Lizenzen für eine mediale Vermarktung, vor allem im Fernsehen. Hier treten die Fernsehveranstalter als Nachfrager in Erscheinung. Der typische Fall ist, daß der Sportveranstalter Letzteren auch die Produktion der Signale überläßt. Diesbezüglich gilt ebenfalls konsumtive Nichtrivalität. Die Kosten des Sportveranstalters sind gänzlich unabhängig davon, wieviele Zuschauer das Sportereignis im Fernsehen verfolgen.
Der dritte Markt, der im Laufe der letzten Jahre zunehmend an Bedeutung gewonnen hat, ist derjenige für die Vergabe von Rechten für Sponsorwerbung. Firmen erwerben das Recht, an Stadionbanden, auf Trikots, Sportgeräten, Startnummern, Anzeigetafeln, Eintrittskarten etc. Werbebotschaften anzubringen und gegebenenfalls mit ihrer Sponsoren-Eigenschaft anderweitig zu werben. Wir bezeichnen dies ungeachtet juristischer Unterschiede hier pauschal als Sponsorwerbung.
Daneben haben Sportveranstalter noch Erlöse aus dem Verkauf von Speisen und Getränken, Fanartikeln, Rechten an offiziellen Emblemen, Charakteren, Musik etc. Dies wird im folgenden nicht weiter betrachtet. Ebenfalls außen vor bleiben direkte Erlöse der Sportler und Teams aus Werbeverträgen etc., es sei denn, dies hängt direkt mit der TV-Coverage zusammen.

2.2.2 *Konsum-Merkmale von Sportarten*

Die Art des Konsums ist abhängig von der jeweils betrachteten Sportart. In Kapitel 3 wird deutlich, daß die Sportarten sich unterschiedlich gut für Direkt- bzw. TV-Konsum eignen. Außerdem sind einige Sportarten besser als andere für Zusammenfassungen geeignet, was von dem Ausmaß der Konzentration des Zuschauer-Interesses auf bestimmte Höhepunkte abhängt. Da sich die Problematik der Wirkung der Kurzberichte für verschiedene Sportarten sehr differenziert darstellt, sollen hier einige konsumrelevante Merkmale erörtert werden. Dies dient auch zur Einführung von Begriffen, die später wieder verwendet werden.
Wir können davon ausgehen, daß unterschiedliche Gruppen der Bevölkerung unterschiedliche Konsum-Interessen bezüglich Sport haben.[29] Hinzu kommt, daß bei einzelnen Personen ein Informationsinteresse am Sport[30] von Unter-

29 Vgl. dazu die in Abschnitt 1.2 angegebene Literatur.
30 Das Informationsinteresse wird im einfachsten Falle befriedigt durch die Beantwortung der Frage: Wer hat gewonnen? Allerdings liefert natürlich Unterhaltungs-Konsum auch Information. Vgl. zur Unterscheidung von Informations- und Unterhaltungskonsum Abschnitt 4.3.1.

haltungs-Interessen unterschieden werden sollte, auch wenn beides in der Realität gemeinsam auftritt.
Die verschiedenen Sportarten weisen unterschiedliche Charakteristika auf, die differierenden Konsumgewohnheiten unterschiedlich entsprechen. Rittner und Mrazek haben in einer Befragung, die allerdings nicht ausschließlich auf Zuschauer-Konsum beschränkt, sondern allgemeiner angelegt war, bestimmte Merkmale verschiedenen Sportarten zuordnen lassen.[31] Die Sportarten unterscheiden sich beispielsweise nach Kriterien wie Spannung, Exklusivität, Möglichkeiten des Streßabbaus, Eleganz etc. Auch Dreyer hat sich mit konsumrelevanten Charakteristika von Sportarten auseinandergesetzt. Er hat sogenannte Typenelemente wie Dynamik, Spannung oder Kosten unterschieden und untersucht, inwieweit verschiedene Sportarten diese Typenelemente aufweisen. Eine Auswahl der betrachteten Sportarten und der unterschiedenen Charakteristika zeigt Abbildung 2-3.[32]
Um die konsumrelevanten Merkmale für unser Thema etwas zuzuspitzen, wollen wir hier eine Unterscheidung in unterhaltungsorientierten Konsum und ergebnisorientierten Konsum vorschlagen.[33]
Sportarten mit hohem Unterhaltungsaspekt sind solche, bei denen der Ablauf des sportlichen Geschehens selbst im Mittelpunkt steht. Typische Beispiele für unterhaltungsorientierten Konsum sind das Erleben von Eiskunstlauf, Kunstturnen, Tanzen, Gymnastik. Für die meisten Zuschauer steht das Betrachten der Aktion der einzelnen Sportler während des gesamten Wettkampfes im Mittelpunkt.
Das andere Extrem, nämlich stark ergebnisorientierte Sportarten, ist dadurch gekennzeichnet, daß sich das Konsum-Interesse auf die ergebnisrelevanten Höhepunkte konzentriert. Beispiele dafür sind Leichtathletik, Fußball, alpiner und nordischer Skisport, Schießsport, Schwimmen, Rudern, Bob. Diese Sportarten sind dadurch gekennzeichnet, daß über einige Zeit eventuell relativ wenig »Konsumattraktives« passiert und sich das Interesse stark auf das Endergebnis (Zieleinlauf, führender Läufer etc.) und/oder auf relativ wenige spielentscheidende Szenen (Tore, Endspurt, spektakuläre Zwischenfälle etc.) konzentriert.
Bei unterhaltungsorientierten Sportarten ist der Konsum in der Regel auch dann interessant, wenn man den Ausgang des Wettkampfes nicht erlebt, weil

31 RITTNER, V. und J. MRAZEK, Die Differenzierung des Sports - Zur Notwendigkeit der Differenzierung des Sportsponsoring, in: HERRMANNS (Hrsg.), Sport- und Kultursponsoring, 1989, S.78-87, hier: S.81, Tabelle 1.
32 Die Abbildung ist eine inhaltliche Verdichtung der Übersichten 8 bis 12 aus DREYER, A., Werbung im und mit Sport, Reihe Sportanalysen, Bd.1, Göttingen 1986, S.145-153.
33 Wir nehmen für diese Vereinfachung den Verlust einiger Differenziertheiten in Kauf.

Abb. 2-3: Konsumtive Merkmale von Sportarten

1=Dynamik 2=Bewegungs-Ästhetik 3=Spannung 4=Verständlichkeit der Regeln 5=Durchschaubarkeit der Technik 6=Verbreitung 7=Kosten

Typenelement / Sportart	1	2	3	4	5	6	7
Automobil-rennsport	sehr groß	gering	groß	mittel	mittel	gering	sehr hoch
Alpiner Skisport	sehr groß	gering	mittel	leicht	mittel	sehr groß	sehr hoch
Basket-ball	groß	gering	groß	schwer	mittel	mittel	gering
Eis-hockey	sehr groß	gering	groß	mittel	mittel	gering	hoch
Eiskunst-lauf	mittel	groß	mittel	schwer	schwer	gering	hoch
Fußball	mittel	gering	groß	leicht	leicht	sehr groß	sehr gering
Galopp-Trab-Renn	sehr groß	groß	groß	leicht	leicht	mittel	sehr hoch
Golf	gering	mittel	groß	schwer	schwer	gering	sehr hoch
Kunst-Turnen	mittel	groß	mittel	schwer	schwer	groß	gering
Schwimm-sport	mittel	gering	groß	leicht	leicht	groß	gering
Straßen-Radrennen	sehr groß	gering	groß	leicht	leicht	gering	groß
Tanz-sport	mittel	groß	mittel	schwer	schwer	sehr groß	sehr gering
Tennis	mittel	gering	groß	mittel	mittel	sehr groß	mittel
Volley-ball	gering	gering	groß	mittel	leicht	groß	gering

Eigene Zusammenstellung nach Angaben aus: DREYER, Axel, Werbung im und mit Sport, Göttingen 1986, S. 145-153

der ästhetische Genuß der Bewegung im Vordergrund steht.[34] Man kann sich Veranstaltungen in unterhaltungsorientierten Sportarten sogar ganz ohne Wettkampf-Wertung vorstellen, was in einigen auch tatsächlich erfolgt. Dagegen wäre es bei Sportarten wie Langstreckenlauf oder Skiabfahrt ohne die Wettkampfsituation für Zuschauer ziemlich langweilig.[35] Stark ergebnisorientierte Sportarten leben von der Ex-ante-Spannung bezüglich des Spielausgangs bzw. des Wettkampfergebnisses.

Der Erfolg bei einem Sportereignis hängt von mehreren Faktoren (Können, Tagesform und Glück) ab. Die Relevanz dieser Faktoren ist allerdings bei verschiedenen Sportarten sehr unterschiedlich. In einigen Sportarten sind Überraschungen (Außenseiter-Siege, Favoriten-Niederlagen) relativ seltener als in anderen, bei denen Tagesform und Glück für das Ergebnis eine größere Rolle spielen. Ergebnisorientierte Sportarten mit wenig Unterhaltungs-Wert wären für Konsumenten langweilig, wenn immer der Favorit siegen würde. Bei unterhaltungsorientierten Sportarten würde dies das Zuschauer-Interesse nur wenig mindern.[36]

Für Nicht-Experten vieler ergebnisorientierter Sportarten sehen die Aktionen der verschiedenen Sportler (Läufer, Schwimmer, Ruderer, Bobfahrer) nahezu gleich aus. Bei Sportarten, bei denen die Teilnehmer nacheinander in Aktion treten wie z.B. bei der Skiabfahrt, würde das Konsum-Interesse der meisten Zuschauer bereits durch Verfolgen weniger Sportler befriedigt werden. Bei direkter Wettkampfsituation mit wenig Höhepunkten vor dem Zieleinlauf genügt schon das Miterleben eines kleinen Teils des gesamten Sportereignisses.[37]

Sportarten, bei denen sich das Konsum-Interesse stark auf wenige Höhepunkte konzentriert, sind entsprechend für zusammenfassende Berichte geeigneter als die ausgeprägt unterhaltungsorientierten Sportarten. Da sich bei stark ergebnisorientierten Sportarten das Interesse auf wenige Szenen konzentriert, wird ein zusammenfassender Bericht hier prozentual mehr Bedürfnisse befriedigen als bei Sportarten mit hohen Unterhaltungs-Werten.

Für die große Zahl der Sportarten, die diesbezüglich zwischen den Extremen angesiedelt sind, gilt, daß die »Zusammenfassungs-Eignung« sinkt, wenn die Zahl der Höhepunkte ansteigt.[38] Bei einigen Sportarten entsteht ein Unterhal-

34 Eiskunstlaufen wäre für viele Zuschauer auch dann interessant, wenn sie keine einzige Wertung mitbekommen würden. Ähnliches gilt z.B.auch für Turnen und Tanzen.

35 Auch Fußball hat eine starke Ergebnis-Komponente und ist ohne das Erleben und die Spannung bezüglich des Ergebnisses in der Regel uninteressant.

36 Dieses Phänomen zeigt sich etwa im Eiskunstlaufen beim Paarlauf und beim Eistanz, wo vergangene Welt- und Europameisterschaften über lange Jahre jeweils von denselben Paaren gewonnen wurden.

37 Dies gilt etwa für die Sportarten Rudern, Radrennen und Schwimmen.

38 Dementsprechend ist Fußball (wenig Tore) geeigneter als Handball (viele Tore).

tungswert aus der typischen Dramaturgie des Wettkampfes bzw. der Zählweise, die über eine häufige Ergebnisrelevanz Spannung für den Konsumenten erzeugt.[39] Hier befriedigt eine kurze Zusammenfassung einen vergleichsweise geringen Teil des Konsum-Interesses.
Die Sportarten unterscheiden sich auch sonst bezüglich ihrer artgemäßen Dramaturgie, die das Zuschauer-Interesse wesentlich beeinflußt. Bei einigen präsentiert erst die Anzeigetafel, wer gewonnen hat. Bei anderen ist die Rivalität der Sportler und der Sieg direkt sichtbar, das heißt die Spannung steigert sich bis zur Zielankunft, Satzende etc. und ist direkt miterlebbar.

2.2.3 *Attraktivität von Sportereignissen*

Die Merkmale, die die Nachfrage nach einzelnen Sportveranstaltungen bzw. Sportereignissen[40] und damit die Erlöse auf den jeweiligen relevanten Märkten bestimmen, werden im folgenden mit dem Begriff der Attraktivität zusammengefaßt.[41] Dieser kennzeichnet die konsumrelevante Wertschätzung eines Sportereignisses durch die Zuschauer. Die Entscheidung, ein Sportereignis zu konsumieren (Stadion oder TV), muß in der Regel[42] vorher getroffen werden. Deshalb sind vom Zuschauer bezüglich der attraktivitätsrelevanten Faktoren Erwartungen zu bilden.[43]
Eine wesentliche Determinante der Attraktivität eines Sportereignisses ist die Popularität der Sportart. Dies entzieht sich inhaltlich einer analytischen Erklärung.[44] Die relative Popularität verschiedener Sportarten in einem bestimmten Land ist stark historisch-traditionell bestimmt und muß als exogen betrachtet werden. Die Popularität einer Sportart für den konkret relevanten Zuschauer-Konsum ist in der Regel positiv verknüpft mit der eigenen aktiven Betätigung in der jeweiligen Sportart.[45]

39 Ein gutes Beispiel dafür ist Tennis, wo fast alle Aktionen direkt ergebnisrelevant sind.
40 Wir betrachten hier sprachlich vereinfachend nur Sportereignisse.
41 Der Begriff Attraktivität ist für den betrachteten Zusammenhang besser geeignet als der Begriff Nachfrage. Im folgenden ist häufig eine indirekte Nachfrage Gegenstand der Analyse, das heißt die Nachfrage erfolgt nicht unmittelbar von den Konsumenten.
42 Nur bei zeitversetzter Coverage und bei privaten Video-Aufzeichnungen wäre auch eine nachträgliche Entscheidung möglich.
43 Die Erwartungen können natürlich auch enttäuscht werden. Die Prognostizierbarkeit einiger nachfragerelevanter Faktoren ist von Sportart zu Sportart und von Sportereignis zu Sportereignis unterschiedlich.
44 Warum beispielsweise Baseball in den USA und Fußball in der BRD so etwas wie »National-Sportarten« sind, ist analytisch nicht zu erklären.
45 Die Verbreitung einer Sportart in der Bevölkerung spielt daher eine große Rolle für deren Popularität. Von den in Abbildung 2-3 betrachteten Sportarten weisen der Alpine Skisport, Fußball, Tanzsport und Tennis eine sehr große Verbreitung auf. Vgl. Abb. 2-3 und DREYER, A. (1986), a.a.O., S.149, Übersicht 10.

Die Attraktivität von Sportereignissen wird natürlich nicht ausschließlich von der Popularität der jeweiligen Sportart bestimmt. Bei gegebener Sportart ist der zentrale Faktor die Qualität des Sportereignisses. Dabei können wir im folgenden (a) positionale Qualität und (b) Per-se-Qualität unterscheiden.

(a) Die positionale Qualität bezieht sich auf den Rang des Sportereignisses selbst und/oder auf die teilnehmenden Sportler bzw. Teams. Ersteres bedeutet, daß die Attraktivität eines Sportereignisses wesentlich abhängt vom Rang des Ereignisses innerhalb der Sportart.[46] Hier ist also entscheidend, welches die in der jeweiligen Sportart wichtigsten Ereignisse sind. Dazu zählt z.B. auch die Relevanz eines konkreten Spiels für Meisterschaft, Abstieg, etc.[47]

Das Zweite ist gegeben durch den aktuellen sportlichen Rang der teilnehmenden Sportler bzw. Teams.[48] Dieser wird zum Beispiel beim Tennis repräsentiert durch die Weltrangliste, bei Liga-Spielen vor allem durch den aktuellen Tabellenplatz,[49] bei vielen Sportarten durch die Erfolge in der letzten Zeit, gute Plazierungen, Rekorde etc. Sportereignisse ziehen Zuschauer an wegen einzelner Stars[50] oder der Teilnahme einer Mannschaft oder von Sportlern, die wegen früherer Erfolge einen großen Namen haben.[51]

Für beide Kategorien wird der Zuschauer in der Regel eine umso bessere sportliche Qualität erwarten, je höher die Position des Sportereignisses innerhalb der Bedeutungs-Hierarche bzw. der Sportler/Teams in der sportlichen Rangliste ist. Dies wird meistens auch korrespondieren mit der sportlichen Qualität im absoluten Sinne (z.B. technisch hochklassiges Tennis), so daß eine Differenzierung zur Per-se-Qualität zunächst überflüssig erscheint. Beide Qua-

46 Es sind etwa nachstehende Reihenfolgen denkbar: Olympische Spiele, WM, EM, DM oder Bundesliga, 2. Liga, Amateur-Oberliga oder im Tennis Grand-Slam-Turniere, Grand-Prix-Turniere, andere Turniere.

47 GÄRTNER und POMMEREHNE ermitteln in einer Untersuchung der Fußball-Bundesliga für die erfaßten Bundesliga-Spiele 1969-1975 durch Regressionsschätzung ein Zuschauerplus von mehr als 10.000, wenn die Heimmannschaft in akuter Abstiegsgefahr ist. GÄRTNER, M. und W.W. POMMEREHNE, Der Fußballzuschauer - ein homo oeconomicus, in: Jahrbuch für Sozialwissenschaft 29 (1978), S.88-107.

48 Vgl. für das Folgende auch im Kapitel 3 den Abschnitt 3.2.3, der sich mit den Determinanten des Stadionbesuchs auseinandersetzt.

49 Der Einfluß der Tabellenposition wurde von MELZER und STÄGLIN für die Bundesliga-Saison 1963/64 empirisch bestätigt. Vgl. MELZER, M. und R. STÄGLIN, Zur Ökonomie des Fußballs. Eine empirisch-theoretische Analyse der Bundesliga, in: Konjunkturpolitik 11 (1965), S.114-136. Noch deutlicher wird dies von GÄRTNER und POMMEREHNE für die Bundesligaspiele des HSV 1969-1975 bestätigt. Vgl. GÄRTNER, M. und W.W. POMMEREHNE (1978), a.a.O.

50 Vgl. die in Abschnitt 3.2.3 angegebene empirische Literatur für die USA.

51 Vgl. hierzu empirisch bestätigend für die Fußball-Bundesliga GÄRTNER, M. und W.W. POMMEREHNE (1978), a.a.O.

litätsarten haben jedoch in vielen Fällen auch nachfragerelevanten Eigenwert.[52] Viele Zuschauer werden zudem die objektive Qualität auch gar nicht selbst beurteilen können.

(b) Die qualitativen Erwartungen an ein Sportereignis sind durch positionale Aspekte allein noch nicht hinreichend beschrieben, sondern sind durch Perse-Aspekte zu ergänzen. Insbesondere in Sportarten, deren Konsum einen hohen Anteil von Unterhaltungsaspekten hat, kommen weitere Faktoren hinzu, z.B. Show-Effekte. Auch wird das Publikum häufig das Zuschauen bei Mannschaften bzw. Spielern mit offensiver Spielweise vor solchen mit Defensivtaktik selbst dann bevorzugen,[53] wenn erstere weniger erfolgreich sind. Einzelne Sportereignisse ziehen Zuschauer an wegen früherer Stars[54] oder der Teilnahme von Prominenten aus anderen Bereichen.

Neben der Popularität der Sportart und der erwarteten Qualität des Ereignisses hat die Ex-ante-Unsicherheit des Spielausgangs insbesondere bei stark ergebnisorientierten Sportarten große Relevanz für die Attraktivität.[55] Am ehesten ist ein spannendes und gutes Spiel zu erwarten, wenn die teilnehmenden Teams/Sportler in ihrem Rangplatz[56] nahe beieinander liegen, eventuell korrigiert um Einflußfaktoren wie Heimvorteil etc. Eine solche Spannung ist eher gegeben in Sportarten mit einem hohen Einfluß von Tagesform oder Glück (gegenüber »Können« gemessen als Durchschnitt vergangener Ergebnisse) und weniger in Sportarten, in denen meist der Favorit siegt.

Ganze Sportarten gewinnen gegebenenfalls an Popularität, wenn die »eigenen« Sportler/Teams erfolgreich sind.[57] Ebenso nimmt die Attraktivität eines Sport-

52 Zum Beispiel werden die Zuschauer in der Regel ein Spiel von Damen auf den Weltranglistenplätze 1-5 einem Spiel zwischen zwei Herren auf den Weltranglistenplätzen zwischen 50 und 100 vorziehen, obwohl bei letzterem mit hoher Wahrscheinlichkeit weit besseres Tennis geboten wird. Im ersten Fall sieht man jedoch die weltbesten Damen, während die betrachteten Herren um einiges von der Spitze entfernt sind.

53 Vgl. GÄRTNER, M. und W.W. POMMEREHNE (1978), a.a.O.

54 Offenbar ist dies auch ein Grund für den gegenwärtigen Wettkampf-Modus beim Golf. Auf diese Weise können auch Altstars wie Jack Nicklaus, die besonders zuschauer-attraktiv sind, länger in Aktion treten, was bei einem K.O.-Modus wohl nicht der Fall wäre.

55 Vgl. beispielsweise NOLL, Roger G., Major League Team Sport, in: W. ADAMS, The Structure of American Industry, New York 1977; DABSCHECK, B., The Wage Determination Process for Sportsmen, in: Economic Record 51 (1975), 52-56; oder als Überblick CAIRNS, J., N. JENNETT und P.J. SLOANE, The Economics of Professional Team Sports: A Survey of Theory and Evidence, in: Journal of Economic Studies 13 (1986), S.17-21. HEINEMANN, Klaus, Besonderheiten einer Ökonomie des Sports, in: ANDERS, Georg und E. STRÄHL und A. MOOR (Hrsg.), Sport und Wirtschaft, Magglingen 1988, 65-78.

56 Wiedergegeben durch die Rangliste oder den Tabellenplatz.

57 So sind Radfahren und Geräteturnen in den USA als Sportarten überhaupt erst »entdeckt« worden, seit einmal US-Sportler internationale Wettkampf-Sieger waren (beispielsweise Greg Lemond als Sieger der Tour de France). Umgekehrt ist zum Beispiel Tennis in der US-Popula-

ereignisses zu, wenn einheimische (lokal, national) Sportler/Teams mit guten Siegchancen partizipieren[58], das heißt eher eine Identifikation des Publikums gegeben ist. Dies gilt bei Teamsport insbesondere für Heimspiele, wo die Mannschaft des Ortes eine lokale Identifizierung erzeugt und die Wahrscheinlichkeit eines Heimsieges groß ist. Ähnliches gilt für internationale Spiele. Bei Individual-Sportarten gibt es eine zunehmende Identifizierung mit Sportlern aus der eigenen Stadt, Region, Staat, die wiederum umso höher ist, je erfolgreicher die eigenen Sportler zuletzt waren. Außerdem steigt die Attraktivität eines Sportereignisses in der Regel bei Spielen gegen Lokal-Rivalen.[59]

Schließlich kann die Attraktivität von Sportereignissen durch Veränderung des Wettkampfmodus erhöht werden.[60] Dafür gibt es bereits in der Vergangenheit viele Beispiele. Beim Fußball etwa gab es früher keine Auswechselmöglichkeiten, was Spiele bei Verletzungen oft schon von vornherein entschied. Bei der Einführung der Fußball-Liga in den USA sollte mit dem sogenannten »shootout« ein Unentschieden verhindert und somit die Spannung zum Ende hin gesteigert werden. Bei Eiskunstlauf-Meisterschaften wurde der Wertungsanteil der unattraktiven Pflicht permanent verringert, um die Gesamtwertung im wesentlichen durch die Wettkampfteile zu bestimmen, die publikumswirksam sind (Kurzprogramm und Kür).

2.3 *Angebot und Marktstrukturen*

Ein Phänomen im Profi-Sport der letzten Jahre ist die Tatsache, daß auf dem Markt für Fernsehrechte von Sportereignissen die Preise überproportional gestiegen sind. Um dies erklären zu können, wollen wir nach der Betrachtung der Nachfrage-Merkmale zunächst die Angebotsseite näher beleuchten. Darüber hinaus sind die Marktstrukturen auf den Sportmärkten zu analysieren, da diese den Verhaltensspielraum von Anbietern und Nachfragern determinieren und

rität stark abgesunken, seit die noch Anfang der 80er Jahre bestehende Dominanz der US-Spieler (McEnroe, Connors, Evert) vorbei ist und in der Spitze vor allem die europäischen Spieler (schwedische, tschechoslowakische, deutsche) die Szene beherrschen.

58 Literaturhinweise im Abschnitt 3.2.3.

59 GÄRTNER und POMMEREHNE ermitteln für die HSV-Bundesligaspiele gegen Mannschaften anderer norddeutscher Städte (Bremen, Hannover, Braunschweig) durchschnittlich 4400 Zuschauer mehr. GÄRTNER, M. und W.W. POMMEREHNE (1978), a.a.O.

60 Vgl. BLÖDORN, Manfred, Das magische Dreieck: Sport - Fernsehen - Kommerz, in: HOFFMANN-RIEM, W. (Hrsg), Neue Medienstrukturen - neue Sportberichterstattung? Baden-Baden (Nomos) 1989, 100-129.

somit die Marktergebnisse (insbesondere die Preise) in starkem Maße bestimmen.
Für eine Betrachtung des Angebots an Sport ist bedeutsam, welche Ziele die Akteure verfolgen. Können wir überhaupt von kommerziellen Interessen auf der Angebotsseite ausgehen? Für die Profi-Sportler selbst ist die Frage ihrer Zielsetzung (kommerzieller bzw. sportlicher Erfolg) relativ einfach zu beantworten. Fast immer sind der sportliche Erfolg und der finanzielle Erfolg gleichgerichtet, das heißt, es besteht in der Regel keine Zielkonkurrenz zwischen der Maximierung des sportlichen Erfolges und der Maximierung der Einnahmen.
Die Zielsetzung von Team-Eignern bzw. Vereinsführungen bei Mannschaftssportarten war partiell Gegenstand empirischer Untersuchungen in der ökonomischen Literatur.[61] Bei Mannschafts-Sportarten, die durch Ligen organisiert sind (z.B. Fußball oder American Football) sind die wirtschaftlichen Einheiten der einzelnen Mannschaften (Vereine, Team-Owner) in aller Regel gleichzeitig die Sportveranstalter ihrer Heimspiele. Für das ökonomische Verhalten von Teams konkurriert die Hypothese der Gewinnmaximierung mit derjenigen der Zielsetzung des maximalen sportlichen Erfolgs, gegebenenfalls unter der Nebenbedingung der Kostendeckung. Sportlicher Erfolg kann für die Verantwortlichen von Teams Ziele wie Prestige, Spaß am Sport etc. fördern. Letzteres kann für Eigner von Teams den Charakter eines Konsumgutes haben, für das sie auch dauerhaft zu zahlen bereit sind, das heißt die Nebenbedingung der Kostendeckung verliert an Relevanz.[62]
Bei europäischen Vereinen ist häufig zu beobachten, daß die Manager, Vorstände etc. Sport-Ziele (evtl. zur Förderung von Eigenzielen) in den Vorder-

61 Vgl. CAIRNS, J., N. JENNETT und P.J. SLOANE, The Economics of Professional Team Sports: A Survey of Theory and Evidence, in: Journal of Economic Studies 13 (1986), 3-80; NOLL, Roger G., Major League Team Sport, in: Walter ADAMS, The Structure of American Industry, New York 1977; NOLL, Roger, Attendance and Price Setting, in: NOLL, Roger (Hrsg.), Government and the Sports Business, Washington D.C., 1974, 115-157; QUIRK, James und M. HODERI, Die Wirtschaftstheorie einer Berufssportliga, in: HEINEMANN, Klaus (Hrsg.), Texte zur Ökonomie des Sports, Schorndorf 1984, 113-125 (aus: The Economic Theory of a Professional Sports League, in: NOLL, Roger (Hrsg.), Government and the Sports Business, Washington D.C. 1974); SLOANE, Peter J., Sport in the Market, London 1980; DEMMERT, Henry G., The Economics of Professional Team Sports, Lexington (Mass.) 1973; DABSCHECK, B., Sporting Equality: Labour Market versus Product Market Control, in: Journal of Industrial Relations 17 (1975), 174-190; SLOANE, P.J., The Economics of Professional Football: The Football Club as a Utility Maximiser, in: Scottish Journal of Political Economy 17 (1971), 121-146; BROWER, J., Professional Sports Team Ownership: Fun, Profit and Ideology of the Power Elite, in: Journal of Sport and Social Issues 1 (1976), 16-51; GRATTON, C. und B. LISEWSKI, The Economics of Sport in Britain: A Case of Market Failure?, in: British Review of Economic Issues 3 (1981), 63-75.
62 Vgl. QUIRK, J. und M. El-HODIRI (1984), a.a.O., S.123.

grund stellen und damit mindestens kurzfristig die Nebenbedingung der Kostendeckung verletzen (Verschuldung der Vereine). Längerfristig gilt hier jedoch in aller Regel, daß bei Profi-Teams die Nebenbedingung eingehalten wird, bzw. durch Subventionen von Städten (die sich Image-Vorteile versprechen) quasi wiederhergestellt wird.[63]
Sloane konstatiert für britische Fußball-Clubs, daß wirtschaftliche Gewinnerzielung nicht im Vordergrund steht.[64] Noll stellt für die US-Team-Sportarten fest, daß diese generell profitabel sind und insofern kein Widerspruch zur Gewinnmaximierungs-Hypothese besteht.[65] Dies wird im wesentlichen durch die Untersuchung von Brower bestätigt, wenngleich die Entscheidung, Team-Owner zu werden, stark durch nicht-finanzielle Motive beeinflußt wird.[66]
In den meisten Fällen stehen sportliche Ziele (möglichst viele Siege) in aller Regel (auch unter den kartellierten US-Bedingungen) nicht im Zielkonflikt zu Gewinn-Zielen.[67] Dies gilt umso mehr für die typischen Team-Sportarten in Europa, wo finanzielle und sportliche Erfolge sich gegenseitig fördern. Befürchtungen, daß »Zu-häufig-Gewinnen« die finanziellen Ziele gefährdet (aufgrund fehlender Spannung) sind schon bei US-Teams ohne empirische Bestätigung.
Für Sportveranstalter, die von Teams/Sportlern unabhängig sind, wie häufig in Individual-Sportarten, können wir davon ausgehen, daß die Gewinn-Ziele eher noch stärker sind als bei Team-Eignern. Aber auch andere Ziele wie Förderung einer Sportart, Größe des Turniers, Beachtung durch die Medien, Prestige werden gefördert durch eine maximale Einnahme auf den Märkten als Ganzes, da dies die Möglichkeit zur Verpflichtung der besten Spieler, Ausschüttung des höchsten Preisgeldes etc. gibt. Wir wollen für unser Thema im folgenden generell von Erlösmaximierungs-Zielen für Sportveranstalter aller Art ausgehen.
Bei gegebener Nachfragefunktion hängen die Erlöse von den Strukturen und Verhaltensweisen der Anbieter und Nachfrager ab. Auf der Angebotsseite ist zunächst einmal jeder Sportveranstalter Monopolist für das jeweilige Sportereignis. Diese Tatsache eröffnet ihm jedoch nur dann erweiterte Preissetzungsspielräume, wenn signifikanter Substitutionswettbewerb fehlt und andere Er-

63 Zum Beispiel durch billige Stadion-Überlassung.
64 Vgl. SLOANE, P.J. (1971), a.a.O. und SLOANE, P.J. (1980), a.a.O. Siehe auch GRATTON, C. und B. LISEWSKI (1981), a.a.O.
65 Vgl. NOLL, Roger G., The US Team Sports Industry: An Introduction, in: NOLL, R.G. Hrsg., Government and the Sports Business, Washington D.C. 1974.
66 Vgl. BROWER, J. (1976), a.a.O.
67 Vgl. NOLL, Roger G., Major League Team Sport, in: W. ADAMS, The Structure of American Industry, New York 1977.

eignisse der gleichen Sportart nicht auf demselben zeitlich und regional relevanten Markt konkurrieren.
Letzteres gilt also nur für Ereignisse, die in etwa zum gleichen Zeitpunkt stattfinden. In organisierten Ligen treten derartige Wettbewerbsbeziehungen lokal nicht auf, da Heimspiele zweier Mannschaften aus derselben Stadt an unterschiedlichen Spieltagen stattfinden.[68] Regional kann dann unmittelbare Konkurrenz herrschen, wenn mehrere Mannschaften innerhalb eines relativ kleinen geographischen Raumes in einer Liga spielen.[69]
Bei Individualsportarten werden die Veranstalter bestrebt sein, bedeutende Sportereignisse in einem Land nicht zur gleichen Zeit zu organisieren. Auf internationaler Ebene herrscht dagegen oftmals Wettbewerb zwischen Veranstaltern verschiedener Länder, da die Möglichkeiten zur weltweiten Kollusion stark eingeschränkt sind.
Relevanter sind allerdings Substitutionsbeziehungen zwischen verschiedenen Sportarten, wo Kollusionen viel schwieriger zu erreichen sind als innerhalb einer Sportart. Zuschauer, Sponsoren und TV-Veranstalter können zu einzelnen Zeitpunkten aus einer Zahl von attraktiven Sportereignissen unterschiedlicher Sportarten auswählen. Eine Ausnahme bildet der Markt der USA, wo zwischen den 4 »großen Team-Sports« (Baseball, American Football, Basketball und Eishockey) eine regelrechte Aufteilung des Jahres bezüglich der jeweiligen Saisons stattfindet.[70]
Wir können daher für die Angebotsseite sowohl Monopolstellungen als auch Konkurrenzsituationen konstatieren. Der Umfang des monopolistischen Verhaltensspielraums wird dabei in der Regel von dem Kartellierungsgrad zwischen den Veranstaltern einer Sportart, bei starkem Substitutionswettbewerb durch andere Sportarten auch zwischen den Veranstaltern unterschiedlicher Sportarten bestimmt.[71]

68 Der Verband, der die Liga organisiert, funktioniert dabei als Kartell, welches derartige Konkurrenz verhindert. In der Fußballbundesliga gilt diese Verfahrensweise derzeit für die beiden Hamburger Klubs FC St.Pauli und HSV, obwohl beide Mannschaften in unterschiedlichen Stadien spielen. Vgl. als Literaturüberblick bezüglich des Kartellverhaltens von Ligen CAIRNS, J., N. JENNETT und P.J. SLOANE (1986), a.a.O., S.56ff.

69 Innerhalb eines relativ schmalen Korridors zwischen den rund 200 Autobahnkilometer entfernten Städten Aachen und Münster drängen sich in der Fußballbundesliga-Saison 1989/90 7 Erstliga- und 7 Zweitliga-Vereine. Für die Region West lassen sich daher aktuell Konkurrenzbeziehungen anhand einer »Landkarte der 1. und 2. Bundesliga« vermuten. Vgl. Kicker, Sonderheft Bundesliga 89/90, Juli bis September 1989, S.112.

70 Insbesondere die Saison-Höhepunkte der Sportarten sind sehr sorgfältig über das Jahr verteilt. So wird im Football der Super Bowl-Gewinner im Winter ermittelt (in der Regel Ende Januar/ Anfang Februar). Beim Baseball finden die World Series im Herbst statt (meistens im Oktober). Der Sieger des Stanley Cup im Eishockey steht im Frühjahr fest (oft im April). Der Substitutionswettbewerb zwischen diesen Sportarten wird somit erheblich verringert.

71 Der Kartellierungsgrad determiniert auch die Nachfragemacht der Veranstalter auf den Faktor-

Auch der Grad der Nachfrage-Konzentration und der Kartellierung der Nachfrager beeinflußt die Preise auf den Sportmärkten. Gerade die nachfrageseitigen Marktstrukturen haben sich in den letzten Jahren grundlegend gewandelt, was zwangsläufig zu geänderten Marktergebnissen führen mußte. Betrachten wir etwa die Märkte für TV-Sportrechte in den USA und in der Bundesrepublik vor dem Auftreten privater Fernsehveranstalter. Hier bestand früher ein Nachfrage-Monopol der öffentlich-rechtlichen Rundfunkanstalten, in den USA herrscht ein intensiver Wettbewerb der Networks und anderer Programmveranstalter.

Diese Wettbewerbssituation führte beispielsweise bei den Olympischen Spielen 1984 dazu, daß ABC für die TV-Rechte an den Winterspielen in Sarajevo 92 Millionen Dollar und für die Sommerspiele in Los Angeles 225 Millionen Dollar bezahlte, während sich die Veranstalter für die europäischen Übertragungsrechte insgesamt mit weniger als 20 Millionen Dollar von der Eurovision begnügen mußten.[72] Ökonomisch ist dies leicht zu erklären.[73] Jeder Kontrakt für eine zusätzliche Region bringt zusätzliche Deckungsbeiträge für den Sportveranstalter. Da bei diesem die Grenzkosten der Rechtevergabe in eine zusätzliche Region null sind, ist er bestrebt, unbedingt einen Vertrag abzuschließen. Ein regionaler Nachfragemonopolist wird folglich den Preis niedrig halten können. Existieren dagegen mehrere Nachfrager, wird der Sportveranstalter in der Regel das Auktionsprinzip anwenden können und die Rechte zum Höchstgebot vergeben.[74]

Bei den Ligamannschaften in populären Team-Sportarten hängen die TV-Einkünfte pro Team (und deren Differenzierung) in starkem Maße von der Kartellierung der Liga ab. In vielen Ligen verzichten die Veranstalter auf die Option der Einzelkontrahierung über TV-Rechte, und der Ligaverband verhandelt be-

märkten. In den USA existieren in den Teamsportarten Arbeitgeberkartelle, die vor allem aufgrund mangelnder Beschäftigungsmöglichkeiten der Spieler im Ausland sehr stabil sind. Die Arbeitgeber sind in der Lage, restriktive Kontrollmechanismen bezüglich der Spielertransfers durchzusetzen, die erheblich die Bewegungsfreiheit eines Spielers einschränken, wie z.B. die »reserve clause« in einem Spieler-Kontrakt oder die »free agent draft«-Methode bei der Allokation der sogenannten »rookies«. Vgl. diesbezüglich zu den Besonderheiten amerikanischer Faktormärkte in Mannschaftssportarten beispielsweise DEMMERT, H.G. (1973), a.a.O., S.31ff.; DABSCHECK, B. (1975), a.a.O.; NOLL, R.G. (1977), a.a.O., S.366ff. oder CAIRNS, J., N. JENNETT und P.J. SLOANE (1986), a.a.O., S.27-56, mit weiteren Literaturhinweisen.

72 Vgl. GUTTMANN, A., Sports Spectators, New York 1986, S.136.

73 Vgl. hierzu ausführlicher Abschnitt 4.2.

74 Interessanterweise wurden die deutschen TV-Übertragungsrechte der letzten 4 Grand Slam-Turniere von 4 verschiedenen TV-Veranstaltern genutzt: Paris '89/ARD und ZDF, Wimbledon '89/RTL plus, New York '89/SAT 1 und Melbourne '90/RTL plus.

züglich der gesamten Saison.[75] Zu unterscheiden sind dabei auch unterschiedliche Kartellierungsgrade. Je schwächer die Kartellierung innerhalb einer Liga ist, desto eher werden sich Erlösunterschiede zwischen den Mannschaften herausbilden bzw. desto größer werden diese sein.[76] In der Fußball-Bundesliga würde eine Einzelkontrahierung für jedes Team oder gar für jedes Spiel zu einer starken Differenzierung der TV-Erlöse zwischen den Mannschaften führen.

75 So stiegen die entsprechenden Jahreserlöse infolge des ersten liga-weiten Kontraktes über TV-Rechte im American Football 1964 von 383.000 Dollar auf 1.061.000 Dollar pro Mannschaft. Vgl. HOROWITZ, I., Sports Broadcasting, in: NOLL, R.G. (Hrsg.), Government and the Sports Business, Washington D.C. 1974, hier S.287-288.

76 Die amerikanische Major League Baseball gilt gegenüber der National Football League als schwächer kartelliert. Während 1987 alle 28 Football-Mannschaften die gleichen TV-Erlöse erzielten, waren die diesbezüglichen Unterschiede zwischen den Baseball-Mannschaften recht hoch. Die New York Yankees erlösten etwa 17,5 Millionen Dollar für TV-Rechte, die Seattle Mariners lediglich 2,2 Millionen Dollar. Vgl. BELLAMY, R.V., Impact of the Television Marketplace on the Structure of Major League Baseball, in: Journal of Broadcasting and Electronic Media, 32 (1988), S.73-87, hier S.77.

Kapitel 3:

Auswirkungen der Fernseh-Berichte auf den Besuch der Sportstätten

Die Eintrittskarten-Erlöse stellen traditionell die Haupteinnahmequelle für die allermeisten Sportveranstalter dar. Für die Mehrzahl aller Sportveranstaltungen gilt dies immer noch. Dagegen sind bei erstklassigen Ereignissen in besonders massenattraktiven Sportarten in den letzten Jahren die Erlöse aus TV-Lizenzen und Sponsorwerbung stark angestiegen, so daß der Anteil der Eintrittskarten an den Gesamterlösen dort zurückgegangen ist.[1]
Es wird von einigen Sportveranstaltern befürchtet, daß durch Sportberichte im Fernsehen weniger Besucher in die Sportstätten kämen und dadurch ihre Erlöse aus Eintrittskarten reduziert würden. In diesem Zusammenhang werden vor allem die gesunkenen Zuschauerzahlen der Fußball-Bundesliga angeführt.[2]
Die Gegenthese lautet, daß keine negativen Effekte von Fernseh-Berichten - und vor allem nicht von Kurzberichten - auf den Stadion-Besuch zu erwarten sind, sondern daß im Gegenteil sogar Reklame-Effekte auftreten, die die Besucherzahlen erhöhen.

3.1 *Eignung einzelner Sportereignisse für direkten und Fernsehkonsum*

Zur inhaltlichen Erörterung der Zusammenhänge ist zunächst zu fragen, ob und inwieweit direkter Konsum in den Sportstätten[3] und Fernseh-Konsum von Sportveranstaltungen überhaupt Substitute sind. Sind also die Nachfrage-Ent-

1 Der Anteil der Eintrittskarten- an den Gesamteinnahmen ist im Erstliga-Fußball laufend gesunken und beträgt in der deutschen Bundesliga noch etwa 60 %. In Frankreich ist der Anteil zwischen 1970 und 1988 von 80 % auf 36 % gefallen und liegt in der Schweiz bereits unter 30 %.

2 Während in der Rekordsaison 1977/78 noch 8 Mio Zuschauer in die Stadien kamen, waren es 1988/89 nur noch 5,6 Mio (18.300 Zuschauer pro Spiel).

3 Im folgenden werden zur Vereinfachung die Begriffe »Sportstätte« und »Stadion« synonym verwendet, obwohl dabei auch Hallen, Golfplätze, Bobbahnen, Segelreviere etc. einbezogen sind.

scheidungen der Konsumenten durch die Alternative »Stadion versus Fernsehen« determiniert?
Diese Frage werden wir dann verneinen können, wenn es sich bei Stadion-Besuch und medialem Sport-Erleben jeweils um sehr unterschiedliche Konsum-Formen handelt, denen lediglich das gleiche Sportereignis zugrundeliegt. Welche unterschiedlichen Präferenzen bestehen also zwischen Stadion-Besuchern und TV-Zuschauern und wie werden deren entsprechende Substitutionsmöglichkeiten determiniert?
Die Substitutionsmöglichkeiten sind zunächst dadurch eingeschränkt, daß bei vielen Sportarten die Kapazität der Sportstätten gering ist. Sportarten, die das Erleben des gesamten Wettkampfes vom selben Platz aus erlauben, unterscheiden sich durch die Nutzungsminderung, die mit zunehmender Entfernung vom Ereignis eintritt.[4] Entfernungssensible Sportarten sind also auf relativ kleine Arenen oder Hallen beschränkt, so daß auch schon von daher die Menge der zahlenden Zuschauer begrenzt sein wird. Darüber hinaus ergibt sich häufig eine besondere Preisdifferenzierung mit besonders hohen Preisen für Plätze mit erstklassiger Sicht (etwa Ringplätze beim Boxen).
Derartige Grenzen sind für großflächige Spiele (wie Fußball, American Football, Baseball) und Sportarten, bei denen in einer Szene Details weniger wichtig sind als die Position als solche (wie bei Langstrecken-Läufen), wesentlich weiter hinausgeschoben. Nur bei diesen Sportarten finden wir große Stadien und die größten Publikumsmengen bei einem einzelnen Ereignis. Sportarten wie Hallenhandball, Eishockey, Basketball oder Tennis sind vom Konsum her auf kleinere Zuschauermengen im Stadion bzw in der Halle begrenzt. Substitutionsmöglichkeiten ergeben sich daher lediglich für eine begrenzte Zahl von Zuschauern.
Bei einigen Sportarten sind die Konsum-Merkmale zwischen direktem und medialem Erleben auch deshalb unterschiedlich, weil Grenzen anderer Art als die eben beschriebenen das Erleben im Stadion einschränken. Zwar ist das Verfolgen des gesamten Wettkampfes grundsätzlich ein Vorteil des Direkt-Konsums, allerdings können die Besucher bei bestimmten Sportereignissen nur einen Teil des Wettkampfes verfolgen, während beim TV-Konsum derartige Grenzen oft nicht existieren. Direkt-Zuschauer sehen beim Autorennen, beim Rad-Straßen-Rennen oder beim Ski-Rennen die Akteure praktisch nur ganz kurz vorüberfahren, ohne den Gesamtablauf und den Gesamtzusammenhang des Wett-

4 Bei entfernungssensiblen Sportarten wie Boxen, Judo, Tischtennis, Eiskunstlauf, Tanzen, Billard etc. sind entfernt sitzende Zuschauer kaum noch in der Lage, das Wesentliche selbst mitzuerleben.

kampfes selbst zu erleben. Somit ist hier die Attraktivität für Zuschauer eingeschränkt.[5]

Das Fernsehen erlaubt demgegenüber durch den Einsatz mehrerer Kameras, alle interessanten Teile bzw. die ganze Aktion zu verfolgen.[6] Dies gilt insbesondere auch dann, wenn der Wettkampf räumlich stark verteilt ist und/oder schnell von Ort zu Ort wechselt (z.B. Golf, Marathonlauf, Rodeln).[7] Außerdem sieht der Fernseh-Zuschauer das Geschehen in einer der Aktion angemesseneren Perspektive (etwa Groß-Aufnahme versus Totale).[8] Dies gilt sowohl für entfernungssensible Sportarten als auch für Details prinzipiell weniger entfernungssensibler Sportarten (beispielsweise Strafraum-Szenen beim Fußball).

Hinzu kommt im Fernsehen die Möglichkeit von Interviews vor, in den Pausen und nach dem Wettkampf, von detaillierten Informationen über Spielstand, Statistiken, Historie der Sportler etc., des Einschubs von anderen Programm-Elementen wie etwa Nachrichten oder Höhepunkten anderer Sportereignisse (z.B. bei Regen-Pausen im Tennis).

Weitere wesentliche Unterschiede in den Konsum-Merkmalen von Direkt- und Fernseh-Konsum von Sportereignissen ergeben sich aus der Möglichkeit für Teil-Übertragungen und Zusammenfassungen im Fernsehen. Einzelne Sportereignisse dauern eventuell mehrere Stunden, wobei etliche Zeit davon relativ langweilig und unattraktiv sein kann. In solchen Fällen wird der grundsätzliche Vorteil des Direkt-Erlebens des gesamten Wettkampfes aufgewogen durch den Vorteil des Fernsehens, die spannendsten Teile des Sportereignisses in geraffter Form präsentieren zu können.[9]

Hinsichtlich der Konsum-Merkmale Aktivitätsart, Freizeitwert und Kosten für das Publikum können ebenfalls der Stadion-Besuch und der TV-Konsum als ganz unterschiedliche Aktivitäten charakterisiert werden. Ein Sportstätten-Be-

5 Die Attraktivität ist entsprechend größer bei einem Rad-Rundkurs oder bei einem 10.000-m-Lauf im Stadion.

6 Allerdings fangen auch Kameras nicht immer das Wesentliche einer Aktion treffend ein. Dies ist vor allem bei Sportarten zu beobachten, bei denen mehrere »Aktionsebenen« nebeneinander existieren. Ein gutes Beispiel dafür ist Baseball, weil Ball und Batter sich in verschiedene für das Ergebnis relevante Richtungen bewegen. Vgl. GUTTMANN, A., Sports Spectators, New York 1986, S.135.

7 Beim Direkt-Konsum hängt das Verfolgen der entscheidenden Szenen oft vom jeweiligen Sitz/Steh-Platz und vom Zufall ab.

8 Das Fernsehen bietet darüber hinaus eine Reihe von technischen Möglichkeiten für den visuellen Konsum, wie z.B. Zeitlupe, Standbilder, verschiedene Blickwinkel aufgrund vielfältiger Kamera-Standorte und wiederholte Präsentation der attraktivsten Szenen.

9 Die Möglichkeit von Direkt-Konsumenten, nur eine Halbzeit oder nur die Zielankunft zu sehen, ist zwar prinzipiell gegeben, allerdings ohne entsprechende Ersparnis an Eintrittsgeld und Anreise-Zeit.

such erfordert einen erheblich höheren finanziellen und zeitlichen Aufwand als der TV-Konsum des gleichen Sportereignisses, was zu einem wesentlichen Teil auf Zeit und Kosten der Anreise zurückzuführen ist. Darüber hinaus impliziert ein Direkt-Konsum in manchen Sportarten gegebenenfalls die Inkaufnahme von Unbequemlichkeiten und Gefährdungen.[10]

Dafür erhält der Besucher jedoch ein Produkt wesentlich höherer Erlebnisintensität. Während ein Fernseh-Zuschauer nur Rezipient ist, erlebt der Direkt-Konsument das Gemeinschaftsgefühl im Stadion und kann selbst anfeuern, was den Eindruck der Mitverantwortlichkeit an Erfolgen ermöglicht. Untersuchungen bei Fußball-Zuschauern zeigen, daß Stadion-Atmosphäre, soziale Kontakte, psychologischer »Anteil am Sieg der Heimmannschaft« etc. wesentliche Motive für den Direkt-Konsum sind.[11] Außerdem schließt ein Stadion-Besuch den späteren TV-Konsum in der Regel nicht aus.[12]

Bei einigen Sportereignissen entsteht für die Besucher zusätzlich ein Extranutzen. Etwa bei Galoppveranstaltungen steht oft das gesellschaftliche Ereignis in der Gunst der Direkt-Konsumenten höher als der sportliche Wettkampf. Es kommt daher mehr auf das »Sehen und Gesehenwerden« an; dies kann TV-Konsum nicht vermitteln.

Die bisherigen Ausführungen zeigen, daß es sich beim Besuch der Sportstätten und dem Verfolgen im Fernsehen um sehr unterschiedliche Konsum-Formen des gleichen Sportereignisses handelt, bei denen unterschiedliche Präferenzen relevant sind. Bei der Betrachtung von Direkt- versus medialem Konsum geht es folglich nicht um einen Vergleich, welche von beiden Konsummöglichkeiten besser oder schlechter ist. Wir können vielmehr davon ausgehen, daß die Nachfrage-Entscheidungen für die meisten potentiellen Konsumenten von der Alternative Stadion versus Fernsehen getrennt verlaufen,[13] wobei allerdings eine partielle Substitutionsbeziehung für einige Zuschauer bestehen kann.

Daher interessiert uns im folgenden vor allem die Schnittmenge, das heißt diejenigen Personen, die (1) potentielle Sportstätten-Besucher und gleichzeitig (2) potentielle TV-Zuschauer sind und (3) nur *eine von beiden* Konsummög-

10 Gefährdungen können ausgehen von möglichen Unfällen, wie etwa beim Motorsport, oder durch Randalierer. Insbesondere das Auftreten von Hooligans beim Fußball beeinflußt den Direkt-Konsum erheblich. Vgl. GfK-Marktforschung (Hrsg.), Situationsanalyse des Profifußballs in der Bundesrepublik Deutschland - Ursachen, Konsequenzen, Zukunftsperspektiven. Studie im Auftrag des Deutschen Fußball-Bundes. Nürnberg 1985.

11 Vgl. GfK-Marktforschung (1985), a.a.O.

12 Private Video-Aufzeichnungen und Wiederholungen ermöglichen einen nachgeholten Fernseh-Konsum.

13 Ein nicht unerheblicher Teil der am TV-Sport Interessierten kommt aus individuellen Gründen (Alter, Krankheit, Gehbehinderung, Betreuung von Kleinkindern und Kranken, berufliche Anbindung etc.) nicht als potentieller Sportstättenbesucher in Betracht.

lichkeiten nutzen, konkreter gesprochen, die auf Stadion-Besuch verzichten, *weil* sie TV-Sport sehen.

3.2 *Fernsehen und Sportstättenbesuch*

Wir betrachten in diesem Abschnitt allgemein den Einfluß des Fernsehens auf den Stadionbesuch. Wir unterscheiden also zunächst (in Abschnitt 3.2) nicht zwischen Übertragungen (insbesondere Live-Übertragungen) und Berichten.[14] Dies ist deshalb erforderlich, weil für die Analyse des Zusammenhangs zwischen Fernsehen und Stadion-Besuch in der Literatur Material vorhanden ist, während die Auswirkungen von Kurzberichten bisher (analytisch und/oder empirisch) nicht untersucht wurden. In Abschnitt 3.3 werden wir dann versuchen, Rückschlüsse auf Kurzbericht-Wirkungen aus den Überlegungen zur Interdependenz von Fernsehen und Stadion-Besuch zu ziehen.
Zur Analyse einer möglichen negativen Wirkung von Sportberichten im Fernsehen auf die Besucherzahl bei Sportveranstaltungen wollen wir den Sättigungs-, den Substitutions- und den Zeitkonkurrenz-Effekt unterscheiden. Ein positiver Zusammenhang könnte dagegen in Form eines Reklame-Effektes von TV-Sportberichten für späteren Stadion-Besuch bestehen.

3.2.1 *Sättigungs- versus Reklame-Effekte*

Ein Sättigungs-Effekt, der zwar nicht für einzelne Sportereignisse, möglicherweise aber für bestimmte Sportarten auftreten kann, bedeutet, daß weniger Zuschauer in die Sportstätten gehen, weil die betreffende Sportart umfangreich im Fernsehen präsentiert wird.[15] Derartige Sättigungs-Effekte sind prinzipiell nur dann plausibel, wenn es sich um telegene Sportarten mit hohem Volumen an Sendezeit handelt. Für die Bundesrepublik existiert eine entsprechend breite TV-Coverage lediglich bei Fußball und Tennis.[16] Für Tennis wird die Möglich-

14 Ein Bericht beinhaltet eine redaktionelle Auswahl, während eine Übertragung das ganze Ereignis oder wesentliche Teile davon präsentiert. Vgl. für eine genauere Begriffsabgrenzung Abschnitt 4.3.1.

15 Die relevante Frage ist hier also, ob beispielsweise häufige Fußball-Übertragungen insgesamt die Nachfrage nach Fußball-Direktkonsum wesentlich reduzieren.

16 Von allen Sportarten weist der Fußball traditionell die höchste Sendestundenzahl auf, 1986 waren es 234. Tennis folgte mit 150 Stunden, hat den Fußball aber inzwischen eingeholt. Alle anderen Sportarten erreichten lediglich eine Coverage von unter 45 Stunden, so daß der Umfang der Coverage zu gering sein dürfte, um Sättigungs-Effekte zu erzeugen.

keit eines Sättigungs-Effekts dadurch relativiert, daß die meisten Top-Ereignisse im Ausland stattfinden. Deutsche TV-Zuschauer kommen daher als Direkt-Konsumenten kaum in Frage. Selbst beim Fußball zeigt die Befragungsstudie der GfK, daß TV-Übertragungen nur beschränkten Einfluß auf den Stadion-Besuch haben.[17]

Neben Sättigungs-Effekten könnte es umgekehrt einen Reklame-Effekt für bestimmte Sportarten durch das Fernsehen geben, das heißt, daß Zuschauer durch Sehen einer TV-Coverage von einer bestimmten Sportart mittel- und längerfristig dazu angeregt werden, eine derartige Sportstätte selbst zu besuchen. Die Popularität einer Sportart wird durch regelmäßige TV-Übertragungen oder -Berichte global erhöht. Das Fernsehen reagiert also nicht nur auf die vorgegebene Popularität einer Sportart, sondern ist über längere Zeiträume ganz wesentlich an deren Schaffung beteiligt. Das Gleiche gilt für den wichtigen Faktor »Erfolg eigener Sportler«. Erst das Fernsehen vermittelt der Mehrzahl der potentiellen Sportzuschauer, daß heimische Sportler erfolgreich sind, was die Popularität einer Sportart erhöht.[18]

Ein Reklame-Effekt ist insbesondere für solche Sportarten relevant, die bisher nicht so stark im öffentlichen Interesse stehen. Quantitativ bedeutsam können Reklame-Effekte des Fernsehens in der Bundesrepublik bei Sportarten sein, die hier schon weitgehend flächendeckend betrieben werden, jedoch keine besonders große Zuschauerresonanz haben, und solche, die in anderen europäischen Ländern bereits höhere Zuschauerzahlen erreichen.[19]

Reklame-Effekte durch das Fernsehen müssen darüber hinaus nicht ausschließlich von Übertragungen von Sportereignissen ausgehen. Auch Fernsehsendungen ganz anderer Art (insbesondere Serien) können das generelle Interesse an Direkt-Konsum von Sportereignissen steigern.[20] Im übrigen kann Fernseh-Konsum durchaus einen positiven, längerfristigen Effekt auf die

17 Gründe für Personen, die früher Besucher von Heimspielen waren und jetzt nicht mehr ins Stadion zu gehen, sind eher Rowdytum, das Verfolgen anderer Hobbies sowie ein gestörtes Preis-Leistungs-Verhältnis. Selbst knapp drei Viertel der Intensiv-Besucher (das heißt solche, die pro Saison mindestens 6 Heimspiele sehen) verzichten nicht auf den Stadion-Besuch, wenn *zur gleichen Zeit* ein anderes Bundesliga-Spiel im Fernsehen *live übertragen* wird. Vgl. GfK-Marktforschung, (1985) a.a.O. Siehe auch Abschnitt 3.2.3.

18 Das Fernsehen ist hier nicht nur der nachfolgende Chronist, sondern entscheidet seine Sendeanteile einzelner Sportarten nach dem Erfolg einheimischer Sportler. Golf gibt es im deutschen Fernsehen praktisch erst seit LANGER. Biathlon war vor ANGERER im TV kaum präsent. Erst der Erfolg eigener Sportler gibt einer Sportart die Chance, über TV populär zu werden.

19 Mögliche Beispiele wären Basketball und Volleyball. Beide Sportarten werden in der Bundesrepublik von relativ vielen Aktiven betrieben. Meisterschaft und Pokal werden seit Jahren ausgespielt und deutsche Mannschaften nehmen regelmäßig an Europapokal-Wettbewerben teil.

20 Die im ZDF ausgestrahlte Serie »Rivalen der Rennbahn«, die im Pferdesport-Milieu spielte, führte zu einem erhöhten Interesse an Galoppsport-Veranstaltungen, zu erhöhten Zuschauerzahlen und Wettumsätzen.

Sportnachfrage insgesamt haben.[21] So existieren für die USA Untersuchungen, nach denen im ersten Jahr nach dem Erwerb eines Fernsehgerätes die Nachfrage nach Stadion-Besuch abnimmt, aber dann wieder ansteigt und im zweiten und dritten Jahr höher ist als vorher.[22]
Eine empirische Untersuchung des Zusammenhangs zwischen dem Umfang der Fernseh-Coverage und dem Stadionbesuch in der amerikanischen College-Football-Liga zeigte, daß ein 40%-Anstieg des College-Football im Fernsehen (1978) nicht zu einer Verminderung der Besucherzahlen in den jeweiligen Stadien führte, sondern sie wegen der verstärkten Publizität in vielen Fällen erhöhte.[23]
Somit bleibt festzuhalten, daß in der Regel keine Sättigungs-Effekte durch Fernseh-Konsum entstehen. Vielmehr würde es bei verstärkter TV-Coverage für bestimmte Sportarten zu Reklame-Effekten kommen. Lediglich für den medialen Konsum von Fußball sind bei häufigen Lang-Übertragungen negative Effekte denkbar, dürfte jedoch für die Bundesrepublik empirisch nicht besonders ausgeprägt sein, da der größte Teil des Geschehens (Bundesliga) im Fernsehen nur in zusammenfassenden Berichten gesendet wird.

3.2.2 *Substitutions- und Zeitkonkurrenz-Effekte*

Während Sättigungs-Effekte bezüglich ganzer Sportarten relevant sein können, wirken die nun betrachteten Substitutions- und Zeitkonkurrenz-Effekte eventuell bezüglich einzelner Sportereignisse.
Der Substitutions-Effekt beinhaltet die Annahme, daß die Zuschauer sich bei einem bestimmten Sportereignis zwischen Konsum im Stadion und vor dem Bildschirm entscheiden und insofern Ersteres durch ein entsprechendes TV-Angebot negativ beeinflußt wird.[24] Ein Zeitkonkurrenz-Effekt wäre dann gegeben, wenn potentielle Besucher deshalb nicht ins Stadion gehen, weil sie dann die Sportberichte im Fernsehen (z.B. über andere Bundesligaspiele) versäumen würden.[25]

21 GÄRTNER, Manfred und W.W. POMMEREHNE, Der Fußballzuschauer - ein homo oeconomicus, in: Jahrbuch für Sozialwissenschaft 29 (1978), 88-107, hier: S. 96.

22 Vgl. BOGART, L., Television's Effect on Spectator Sports, in: HART, E.M. (Hrsg.), Sports in the Socio-Cultural Process, Dubuque 1973, 387-396.

23 Vgl. KAEMPFER, W.H. und P.L. PACEY, Television College Football: The Complementarity of Attendance and Viewing, in: Social Science Quarterly 67 (1986), 176-185.

24 Substitutions-Effekte treten daher grundsätzlich nur dann auf, wenn jeder Zuschauer etwa ein Bundesliga-Fußballspiel nur einmal sehen will, entweder im Stadion oder im Fernsehen.

25 Dies ist seit Jahren der Grund für den Deutschen Fußballbund, keine Live-Übertragungen in zeitlicher Überschneidung mit anderen Ligaspielen zuzulassen und die zusammenfassenden Berichte erst nach 18.20 Uhr zu erlauben.

Wie oben festgestellt, sind in der Regel Stadion-Besuch und TV-Konsum für das Publikum unterschiedliche Freizeitaktivitäten. Beide zeichnen sich durch verschiedenartige Konsum-Merkmale aus. Lediglich für bestimmte Gruppen von Zuschauern,[26] die nur gelegentlich ins Stadion gehen, dürfte das Fernsehen eine Konsumalternative darstellen, wenn es sich um längere Live-Übertragungen handelt.[27]
Zeitkonkurrenz-Effekte sind für Live-Übertragungen grundsätzlich relevant, wie die genannte GfK-Studie für den Fußball bestätigt.[28] Für zeitversetzte Übertragungen sind diese Effekte allerdings nicht relevant, besonders wenn die Zeit für den Heimweg vom Stadion einen späteren TV-Konsum zuläßt. Im Zeitablauf dürfte die Relevanz weiter zurückgehen, wenn die Verbreitung von Videorekordern zunimmt.

3.2.3 *Determinanten des Sportstätten-Besuchs*

Wie wir bisher gesehen haben, sind zwar gewisse Effekte durch potentiellen Fernseh-Konsum auf den Stadion-Besuch möglich, sie sind generell aber nicht sehr bedeutsam. Deshalb ist interessant, welchen Stellenwert das Ausmaß an TV-Coverage als Einflußfaktor für den Direkt-Konsum im Vergleich zu anderen Nachfragedeterminanten hat.
Während in den 50er Jahren in den USA ein deutlich negativer Einfluß durch das Ausmaß der TV-Coverage angenommen wurde,[29] ließ sich dies durch die späteren, in verschiedenen Ländern durchgeführten, empirischen Untersuchungen zu den Determinanten der Nachfrage nach Stadion-Besuch nicht bestätigen.[30] Andere Faktoren als die TV-Konsummöglichkeiten sind demnach quantitativ bedeutsamer. Betrachten wir diese in Kürze.

26 Zuschauer-Gruppen können dabei nach sozialen Schichten, aber auch nach Alter unterschieden werden. So stellt etwa Guttmann für die Fußball-Fans des 1.FC Köln fest: »Clearly, the older fans of 1.FC Koeln have decided that it is easier to turn on the TV set than to battle the traffic on Aachenerstrasse or squeeze into the street-car for Muengersdorf.« GUTTMANN, A., (1986), S.145.

27 Zu berücksichtigen ist darüber hinaus, daß regionale Grenzen der Besucher-Attraktivität für Sportereignisse bestehen und daß viele Sportereignisse gar nicht direkt besucht werden können, da es Auswärtsspiele sind, sie im Ausland stattfinden oder bereits ausverkauft sind.

28 Vgl. GfK-Marktforschung, (1985), a.a.O.

29 Vgl. HOROWITZ, Ira, Sports Broadcasting, in: NOLL, R. (Hrsg.), Government and the Sports Business, Washington D.C. 1974, 275-324 und GUTTMANN, A., (1986), a.a.O.

30 Die Variable der TV-Coverage innerhalb dieser Untersuchungen bezieht sich in der Regel auf Live-Übertragungen. Vgl. zum Überblick NOLL, Roger G., Major League Team Sport, in: ADAMS, W. (Hrsg.), The Structure of American Industry, New York 1977, 365-400 und CAIRNS, J., N. JENNETT und P.J. SLOANE, The Economics of Professional Team Sports: A

Die Größe der Stadt, in der der Verein einer Liga angesiedelt ist, ist der dominierende Faktor in den USA. Für die Team-Sportarten Baseball, Basketball, Football und Eishockey zeigt NOLL empirisch, daß für die Existenz eines, zweier oder dreier Teams jeweils Mindestgrößen von Ballungsgebieten bestehen, damit die Teams wirtschaftlich lebensfähig sind.[31]

Eine weitere Einflußgröße für den Stadionbesuch, die bedeutsamer ist als die TV-Coverage, ist das Wetter. So ermitteln Gärtner und Pommerehne in einer Regressions-Schätzung für die Fußballbundesliga-Spiele des HSV 1969-1975, daß an einem verregneten Spieltag durchschnittlich 4000 Zuschauer weniger als sonst ins Stadion kommen.[32] Für Spiele der National Football League und der National Hockey League in den USA kommt NOLL ebenfalls zu Ergebnissen, die den Wetter-Einfluß bestätigen.[33]

Eine ganze Reihe von empirischen Untersuchungen beschäftigen sich mit dem Faktor »Unsicherheit des Spielausgangs«.[34] Dabei wurden jeweils unterschiedliche Definitionen der Unsicherheit gewählt. Nach Noll führte etwa ein »enger Wettbewerb« insbesondere für die Sportarten Baseball und Eishockey in den USA zu verstärktem Stadion-Besuch.[35] Für die deutsche Fußball-Bundesliga ermittelten Melzer und Stäglin schon früh, daß der Tabellenstand des Gegners einen signifikanten Einfluß auf die Zuschauerzahlen hat.[36]

Ein zusätzlich wichtiger Erklärungsfaktor bezüglich der Besucherzahl in den

Survey of Theory and Evidence, in: Journal of Economic Studies 13 (1986), 3-80. Vgl. zu deutschen Untersuchungen MELZER, Manfred und R. STÄGLIN, Zur Ökonomie des Fußballs. Eine empirisch-theoretische Analyse der Bundesliga, in: Konjunkturpolitik 11 (1965); BÜCH, Martin P., Modell und Realität der Fußball-Bundesliga. Eine ökonomische Betrachtung, in: Zeitschrift für Wirtschafts- und Sozialwissenschaften (1979), S.447ff.; GÄRTNER, Manfred und W.W. POMMEREHNE (1978), a.a.O.

31 NOLL, Roger G., Attendance and Price Setting, in: NOLL, R. (Hrsg.), Government and the Sports Business, Washington D.C. 1974, 115-157, hier: Kapitel 4. Für einige Beispiele zum Zusammenhang von Team-Anzahl und Bevölkerungszahl in sogenannten Metropolitan Areas der USA siehe auch NOLL, Roger G. (1977), a.a.O., S.384 und DEMMERT, Henry G., The Economics of Professional Team Sports, Lexington (Mass.) 1973, S.5.

32 GÄRTNER, Manfred und W.W. POMMEREHNE (1978), a.a.O., S.102.

33 Vgl. NOLL, Roger G. (1974), a.a.O. BIRD allerdings fand in seiner Untersuchung zum Englischen Fußball keinen Effekt des Wetters. BIRD, P.J., The Demand for League Football, in: Applied Economics 14 (1982), 637-649.

34 Für eine Übersicht siehe CAIRNS, J., N. JENNETT und P.J. SLOANE (1986), a.a.O., S.17ff und später PEEL, D.A. und D. THOMAS, Outcome Uncertainty and the Demand for Football: An Analysis of Mass Attendances in the English Football League, in: Scottish Journal of Political Economy 35 (1988), 242-249.

35 Vgl. NOLL, Roger G. (1974), a.a.O.

36 Vgl. MELZER, Manfred und R. STÄGLIN (1965), a.a.O. Der Tabellenstand des Gegners kann als eine Determinante der Unsicherheit des Spielausgangs angesehen werden. Natürlich besitzt darüber hinaus auch der Tabellenstand der Heimmannschaft signifikanten Einfluß auf den Zuschauer-Zuspruch. Vgl. NOLL, Roger G. (1974), a.a.O. und für die Bundesrepublik GÄRTNER, Manfred und W.W. POMMEREHNE (1978), a.a.O., S.103.

Stadien scheint empirisch die Existenz von Starspielern in einer Mannschaft zu sein.[37] Insbesondere für die USA konnte nachgewiesen werden, daß der Einsatz von Starspielern den Zuschauerzuspruch signifikant erhöht.[38]
In der Bundesrepublik sind für den Bundesliga-Fußball zu den Gründen des als unbefriedigend empfundenen Stadion-Besuchs Untersuchungen (Befragungen) durchgeführt worden. Dabei standen im Ergebnis eine Reihe von kausalen Faktoren im Vordergrund, die mit den Angebotsparametern der Veranstalter zu tun haben, jedoch nicht die Fußball-Berichte im Fernsehen. Insbesondere wurden zu hohe Eintrittspreise und fehlender Service genannt.[39]
Abschließend ist zu bemerken, daß innerhalb der empirischen Literatur eine ganze Reihe von signifikanten Einflußfaktoren zu ermitteln sind, die wesentlich stärkere Effekte auf den Stadion-Besuch haben als das Ausmaß der TV-Coverage von Sportereignissen. Dies gilt dabei insbesondere für die USA, wo es die meisten Untersuchungen gab, läßt sich aber auch für andere Länder wie die Bundesrepublik nachweisen.

3.3 *Kurzbericht und Sportstättenbesuch*

Nachdem wir in Abschnitt 3.2 auf den Zusammenhang von TV-Coverage und Direkt-Konsum eingegangen sind, soll im folgenden gemäß der Thematik der Studie betrachtet werden, ob und welche Effekte von Kurzberichten auf den Stadion-Besuch ausgehen. Da direkte empirische Studien der Wirkung von Kurzberichten nicht vorliegen, wollen wir hier die Ergebnisse des vorherigen Abschnitts zur Grundlage machen und insbesondere die Differenzen zwischen Übertragungen und Kurzberichten argumentativ verwerten.
Wenn wir die Coverage von einem Sportereignis alternativ mit abnehmenden Sendelängen betrachten,[40] sind grundsätzlich zwei inhaltliche Wirkungen fest-

37 Grundsätzlicher läßt sich auch eine generelle Team-Qualität definieren und messen. Für unterschiedliche Versuche vgl. CAIRNS, J., N. JENNETT und P.J. SLOANE (1986), a.a.O., S.21f.

38 Nach NOLL gilt dies besonders für Baseball und Basketball. NOLL, Roger G. (1974), a.a.O. Siehe beispielsweise zum Effekt des Basketball-Stars Patrick Ewing für den Stadion-Besuch der New York Knickerbockers WELLING, Brenton, J. TASINI und D. COOK, Basketball: Business is Booming, in: Business Week (New York) vom 28.10.1985 und für die Bedeutung von Starspielern beim Baseball WELLING, Brenton und W.C. SYMONDS, Professor Hardball, in: Business Week vom 3.4.1989.

39 Vgl. GfK-Marktforschung (1985), a.a.O.

40 Coverage-Arten bezüglich der Zeitdauer geordnet sind Lang-Übertragung, gekürzte Übertragung, Lang-Bericht, kurzer Bericht, Kurzbericht.

stellbar. Zum einen wird die Konsumzeit kürzer, zum anderen werden durch Komprimierung auf die »besten Szenen« die Ereignisse attraktiver.

3.3.1 *Sättigungs-, Substitutions- und Zeitkonkurrenz-Effekte*

Es wurde vorher festgestellt, daß Sättigungs-Effekte nur bei Sportarten relevant sind, die zeitlich umfangreich übertragen werden. Für Kurzberichte erscheint es wegen ihrer geringen zeitlichen Dauer von maximal 90 Sekunden schlichtweg ausgeschlossen, daß sie Sättigungs-Effekte für einzelne Sportarten erzeugen können, die Zuschauer vom Stadion-Besuch abhalten. Dies gilt selbst dann, wenn im Rahmen des redaktionell Plausiblen sehr ausgiebig von der Möglichkeit der Kumulation von Kurzberichten Gebrauch gemacht wird.[41]

Für die Wirkungsweise von Substitutions-Effekten auf den Stadion-Besuch konnten wir feststellen, daß aufgrund der unterschiedlichen Konsum-Merkmale für Direkt- und TV-Konsum lediglich für bestimmte Gruppen von Zuschauern eine Konsumalternative »Stadion versus Fernsehen« bestehen dürfte. Bei Kurzberichten besteht nun ein noch größerer Unterschied zwischen den Konsum-Merkmalen, es gibt also noch weniger Substitutionsbeziehungen als bei einer Lang-Coverage. Ein Kurzbericht, der nur einige Szenen zu zeigen in der Lage ist, wird niemals dazu geeignet sein, einen potentiellen Zuschauer vom Stadion-Besuch abzuhalten. Da Kurzberichte in der Regel (d.h. mit Ausnahme der seltenen Live-Kurzeinblendungen) erst nach dem Ereignis gesendet werden, müßte der Zuschauer sich mittels eines Antizipations-Effektes abhalten lassen, was nicht plausibel ist.

Auch Zeitkonkurrenz-Effekte sind bei Kurzberichten kaum denkbar. Sie sind selbst dann quantitativ unbedeutend, wenn die Kurzberichte kumuliert gesendet werden. Außerdem bieten private Video-Aufzeichnungen oder Berichte in anderen Sendungen den Stadion-Besuchern die Möglichkeit, den TV-Konsum nachzuholen.

3.3.2 *Reklame-Effekte von Kurzberichten*

Ein Reklame-Effekt könnte für Sportarten relevant sein, deren Attraktivität einem Zuschauer erstmalig - oder nach längerer Zeit wieder - deutlich wird. Ein Reklame-Effekt von Kurzberichten bedeutet in diesem Kontext, daß Zu-

41 Kumulierte Kurzberichte sind eine Aneinanderreihung verschiedener Kurzberichte von ähnlichen Ereignissen (zum Beispiel von verschiedenen Spielen eines Bundesliga-Spieltages).

schauer durch Kurzberichte im Fernsehen zum Stadion-Besuch angeregt werden. Von der zeitlichen Struktur her ist klar, daß sich der Reklame-Effekt von Kurzberichten für Stadionbesucher nicht auf das gleiche Ereignis, sondern nur auf nachfolgende beziehen kann. Sie können also für den nächsten Spieltag der Liga oder des jeweiligen Turniers auftreten.

Potentielle Stadionbesucher werden durch Kurzberichte über nachfragerelevante Faktoren informiert. Dem Zuschauer kann beispielsweise vermittelt werden, daß die »Mannschaft in seiner Nähe« gerade erfolgreich ist oder daß an einem Turnier Spitzensportler teilnehmen.

Bezüglich der Reklame-Effekte für Sportarten und einzelne Sportereignisse sind gegenüber Lang-Übertragungen für Kurzberichte neben der Zeitdauer Unterschiede bezüglich der Zusammensetzung des Publikums und der Inhalte des Gesendeten beachtenswert.

Längere Sport-Übertragungen von einem bestimmten Ereignis werden in aller Regel als solche angekündigt und ziehen (außer Zufallssehern und Familien-Mitsehern) vor allem solche Zuschauer an, die sich für diese Sportart bzw. dieses Sportereignis bereits interessieren. Kurzberichte werden dagegen typischerweise innerhalb von allgemeinen Nachrichten-Sendungen und in Sport-Magazinen gesendet. Letztere werden zwar ebenfalls überwiegend von Sport-Interessierten gesehen, jedoch nicht nur von den Fans einer bestimmten Sportart. Sport-Magazine haben zwar typischerweise feste Sendeplätze im Programm-Schema, den meisten Zuschauern ist jedoch vorher nicht oder nur unzureichend bekannt, über welche Sportereignisse heute berichtet wird. Das Publikum ist also weniger nach Interesse an spezifischen Sportarten selektiert und dadurch »breiter« in seiner Zusammensetzung. Für allgemeine Nachrichtensendungen gilt dies natürlich in noch weit größerem Maße.

In modernen, fernseh-dominierten Mediengesellschaften übt das vergleichsweise informationsarme und passiv-rezeptive[42] Medium Fernsehen eine wesentliche Signal-Funktion bezüglich der Relevanz einzelner gesellschaftlicher Ereignisse und Institutionen aus. Das heißt, bestimmte Ereignisse werden tendenziell für umso wichtiger gehalten, je häufiger und umfangreicher sie im Fernsehen erscheinen. Dies gilt insbesondere für solche Zuschauer, die Zeitungen, Zeitschriften, Bücher etc. nur in geringem Umfang nutzen. In einer Mediengesellschaft, in der Ereignisse nur in dem Maße für wichtig gehalten werden, in dem das Fernsehen über sie berichtet, haben derartige Ereignisse

42 Das Fernsehen bietet wenig Informationen im Vergleich z.B. zu einer Tageszeitung. Der Konsum erfolgt nicht durch eine selbständige aktive Auswahl der gewünschten Information wie bei einer Zeitung, sondern besteht in einem passiven Verfolgen des Gebotenen. Dies gilt natürlich nicht bezüglich der Wahl zwischen verschiedenen Programmen.

direkte Nachfragevorteile im Wettbewerb der Vielzahl alternativer Freizeit-Angebote.
Kurzberichte können insoweit wie ein kostenloser Werbespot wirken. Inhaltlich weisen nämlich Kurzberichte einige Merkmale von Werbespots für Ereignisse einer Sportart auf. Kurzberichte werden vor allem von den »Spitzen-Ereignissen« gesendet, da die anderen für die TV-Zuschauer und Programmveranstalter weniger interessant sind. Das heißt, es werden vorrangig qualitativ hochwertige Sportereignisse und bezüglich eines bestimmten Sportereignisses in aller Regel solche Szenen ausgewählt, die für die Zuschauer die attraktivsten sind. Kurzberichte zeigen folglich die Sportereignisse bzw. Sportarten attraktiver als sie für Direkt-Konsumenten tatsächlich sind.[43]
Auch qualitativ schlechte Spiele können so innerhalb eines Kurzberichts positiver wirken. Die Information über ein nicht attraktives Spiel wird in der Regel zwar vom Kommentator verbal geliefert und vom Zuschauer eventuell vermerkt, reduziert aber kaum die suggestive Kraft der Bilder, so daß der TV-Eindruck häufig besser ist als das Spiel.
Vielfach bringen Sportveranstalter (ebenso wie Veranstalter von Theater-Inszenierungen, Ausstellungen, Konzert-Tourneen etc.) gegenüber den TV-Sportredaktionen ein aktives Interesse daran zum Ausdruck, daß das Fernsehen über ihre Veranstaltungen berichtet. Allerdings gilt dies vorrangig für weniger populäre Sportarten, bzw. Kultur- und Sportereignisse. Veranstalter attraktiver Sportereignisse können dagegen meist ohnehin auf eine TV-Coverage vertrauen. In einem vollständig kommerzialisierten Fernseh-System, in dem die Redakteure nicht nach Gesichtspunkten des Nachrichtenwertes etc., sondern strikt unter Erlösgesichtspunkten entscheiden würden, dürfte sich für viele Kurzberichte eine positive Zahlungsbereitschaft der Sportveranstalter herausstellen.

43 Für den relativ geringen Anteil attraktiver Minuten im Fußball spricht allein schon die Tatsache, daß der Ball nur 55 von 90 Minuten im Spiel ist. Die restlichen 35 Minuten entfallen auf Unterbrechungen für Freistöße, Einwürfe etc. Vgl. KLINGENBERG, Werner (1989), Allein die Freistöße halten das Spiel eine Viertelstunde auf, in: FAZ Nr. 203 v. 2.9., S. 25. Von den 55 effektiven Spielminuten wären wiederum die Zeiten langweiligen Mittelfeldgeplänkels abzuziehen . . .

3.4 *Fazit*

Die Ausführungen in den vorangegangenen Abschnitten haben gezeigt, daß von Lang-Übertragungen gewisse nachfragemindernde Effekte auf den Stadionbesuch ausgehen können. Diese sind jedoch quantitativ weit geringer als vielfach angenommen wird.[44] Konsummöglichkeiten via Fernsehen sind nur ein relativ unbedeutender Faktor bei der Nachfrage nach Stadionbesuch. Dies erklärt sich durch die ganz unterschiedlichen Konsum-Merkmale von Stadionbesuch einerseits und TV andererseits.

In noch höherem Maße gilt diese Aussage für Kurzberichte. Zum einen existieren hier noch weniger für die Zuschauer relevante Substitutionsbeziehungen. Zum anderen müßte eine eventuelle Substitutionsbeziehung über den Antizipations-Effekt laufen, was überhaupt nicht plausibel ist. Die Antizipation ist bei den meisten Kurzberichten schon aufgrund fehlender Prognostizierbarkeit schwierig.[45]

Darüber hinaus ist zu berücksichtigen, daß für viele Sportereignisse die deutschen TV-Zuschauer als Stadionbesucher erst gar nicht in Frage kommen, da die Veranstaltungen im Ausland stattfinden. Bei einer gleichwohl attraktiven wie auch populären Sportart wie etwa Tennis sind Substitutions-Effekte schon von daher sehr gering.

Sättigungs- und Zeitkonkurrenz-Effekte durch Kurzberichte treten für die große Menge aller Sportarten ganz eindeutig nicht auf. Dafür entsteht jedoch in vielen Fällen ein Reklame-Effekt, der tendenziell die Stadion-Nachfrage erhöht. Das heißt, die Erlöse der Sportveranstalter aus Ticketverkäufen werden durch Kurzberichte eher gesteigert. Kurzberichte im Fernsehen entsprechen daher in der Regel den wirtschaftlichen Interessen der Sportveranstalter.

Bei den fernsehverwöhnten, populären Sportarten sind diese Zusammenhänge auf den ersten Blick nicht ganz so eindeutig. Sie haben den Reklame-Effekt nicht so nötig wie andere Sportarten, da von den entsprechenden Sportereignissen ohnehin viel im TV übertragen wird bzw. weil sie im Mittelpunkt des Sport-Interesses stehen. Aber auch hier können im Einzelfall Reklame-Effekte von Kurzberichten wirksam sein. Kurzberichte können gerade beim Fußball

44 Dies bestätigen insbesondere die angegebenen empirischen Untersuchungen für die USA. Für die Bundesrepublik weist die Studie der GfK-Marktforschung im Auftrag des DFB nach, daß Gründe für den Nichtbesuch von Sportveranstaltungen eher schlechtes Wetter, Einladungen von Freunden, Krankheit oder Familienangelegenheiten sind. GfK-Marktforschung (1985), a.a.O.

45 Diese Aussage ist im Falle regelmäßiger Sendungen mit kumulierten Kurzberichten bezüglich bestimmter Sportarten zu relativieren.

potentielle Stadionbesucher darüber informieren, wenn »ihre« Mannschaft erfolgreich ist.[46]
In der Bundesrepublik halten immerhin 60 % der nur gelegentlichen Stadionbesucher einen eigenen Sieg für ein wichtiges Merkmal eines guten Fußballspieles und 59 % geben als Motiv für ihren Besuch an, die eigene Mannschaft siegen zu sehen.[47] Da mehr als die Hälfte aller potentiellen Fußballbundesliga-Besucher die Entscheidung über den Spielbesuch frühestens eine Woche vorher treffen,[48] können Kurzberichte über den vorherigen Spieltag sehr wohl Reklame-Effekte für das kommende Heimspiel haben.[49]
Kann man also selbst bei populären Sportarten von Reklame-Effekten durch Kurzberichte ausgehen, so sind Sättigungs-Effekte auch hier nicht zu erwarten. Kurzberichte haben dafür einen zeitlich zu geringen Umfang.
Daher sind auch für die Veranstalter von Ereignissen populärer Sportarten in der Regel keine negativen Effekte von Kurzberichten auf ihre Ticket-Erlöse zu erwarten. Vielmehr werden Reklame-Effekte auftreten, die sich wirtschaftlich positiv auswirken. Befürchtungen von Sportveranstaltern, daß Kurzberichte ihre Zuschauerzahlen reduzierten, sind deshalb unbegründet. Es ist eher verständlich, daß ein Interesse der Veranstalter etwa von Fußballbundesliga-Spielen besteht, Berichte von anderen Sportarten zu verhindern, die bei potentiellen Stadionbesuchern in Konkurrenz zum Fußball treten.

46 Wie schon NOLL, Roger G. (1974), a.a.O., für alle wichtigen Teamsportarten in den USA nachwies, belegt auch die GfK-Studie für die Fußball-Bundesliga, daß eine mit hoher Wahrscheinlichkeit siegende Heimmannschaft eine wichtige Voraussetzung für den Stadion-Besuch ist. Vgl. GfK-Marktforschung (1985), a.a.O. Der Erfolgsfaktor hat darüber hinaus auch Einfluß auf die Wirksamkeit von eher abschreckenden Begleiterscheinungen des Stadion-Besuchs. So ließ sich für den britischen Fußball nachweisen, daß mit dem Erfolg einer Mannschaft der »Hooliganismus« seiner Fans abnahm. Vgl. GRATTON, C. und B. LISEWSKI, The Economics of Sport in Britain: A Case of Market Failure?, in: British Review of Economic Issues 3 (1981), 63-75, hier insbesondere S.70f.

47 GfK-Marktforschung (1985), a.a.O.

48 Mehr als 70 % der Extensiv-Besucher (d.h. die pro Saison 1-3 Heimspiele sehen) entscheiden sich erst in der Woche vor dem Spiel. Bei den Intensiv-Besuchern (sehen mindestens 6 Heimspiele pro Saison) sind es immerhin über 56 %. GfK-Marktforschung (1985), a.a.O.

49 Darüber hinaus bieten regelmäßige kumulierte Kurzberichte bezüglich eines Bundesliga-Spieltages dem Zuschauer die Möglichkeit, sich von der Spielstärke aller Gegner über Tabellenstände und Ergebnisse hinaus kontinuierlich ein Bild zu machen. Das Angebot wird für den potentiellen Stadionbesucher somit transparenter und er wird noch eher die Unterschiedlichkeit der Konsummerkmale von Direkt- und Indirekt-Konsum von Fußballspielen wahrnehmen. Letztendlich wird er eine Konsumalternative zwischen Stadion und TV kaum noch für sich selbst als existent ansehen.

Kapitel 4:

Einfluß der Kurzberichte auf die Einschaltquoten und den Wert der Hauptrechte

4.1 *Einleitung*

In diesem Kapitel geht es um den Einfluß von Kurzberichten auf die Sportsendungen des jeweiligen Hauptrechteinhabers. Es wird für dieses Kapitel vereinfachend unterstellt, daß die gesamten Fernsehrechte für ein bestimmtes Sportereignis an einen Fernsehveranstalter vergeben werden, der dann seinerseits gegebenenfalls Zweitrechte an andere Programmveranstalter vergeben kann.[1]
Ein Argument gegen ein Recht auf unentgeltliche Kurzberichterstattung geht dahin, daß die Einschaltquoten der Sendungen der Hauptrechte-Inhaber sinken, wenn Kurzberichte in anderen Programmen ausgestrahlt werden. Wir bezeichnen dies im folgenden als Einschaltquoten-Effekt. Außerdem tangiert die staatsvertragliche Regelung eventuell die Erlöse aus der Vergabe von Kurzberichts-Rechten. Auf der anderen Seite wäre es denkbar, daß diese einen Reklame-Effekt für spätere Sportsendungen erzeugen. Falls durch solche Wirkungen die Zahlungsbereitschaft der Fernsehveranstalter für Hauptrechte reduziert wird, würde der wirtschaftliche Wert der Sport-Fernsehrechte sinken. Dies implizierte geringere Erlöse für die Sportveranstalter und geringere Einkommen für die Sportler.
Ob und gegebenenfalls unter welchen Bedingungen Kurzberichte einen Einschaltquoten- oder einen Reklame-Effekt für Hauptrechteinhaber bewirken, wird im folgenden zu erörtern sein. Hierzu ist es nötig, zunächst etwas grundsätzlicher die Faktoren der Bestimmung der Werte von TV-Hauptrechten für Sportveranstaltungen zu analysieren. Anschließend wird ein wesentliches Element des Wirkungszusammenhangs erörtert, nämlich die zeitliche Struktur der Nutzung im Programm des Hauptrechteinhabers und in dem Programm, in dem ein Kurzbericht ausgestrahlt wird.[2]

1 Alternative Transaktionskonstellationen werden in Kapitel 6 erörtert.
2 Das Programm des Hauptrechteinhabers wird im folgenden zur sprachlichen Vereinfachung auch als X-Programm und die anderen Programme als Z-Programme bezeichnet. Entsprechend werden die Fernsehveranstalter mit X-TVV und Z-TVV (Z-TV-Veranstalter) abgekürzt.

Wir gehen in diesem Kapitel generell davon aus, daß das Recht auf unentgeltliche Kurzberichterstattung bewirkt, daß die Kurzberichte auch tatsächlich gesendet werden. Ob dies im Einzelfall tatsächlich zu erwarten wäre, wie die Signale erzeugt werden etc., wird erst in Kapitel 6 problematisiert.

4.2 *Wert der Sport-TV-Rechte*

4.2.1 *Märkte für TV-Rechte*

Unter dem »Wert« eines Fernsehrechts, der gleichbedeutend ist mit dem Wert der entsprechenden Lizenz, wird im folgenden ausschließlich sein Preis verstanden. Darüberhinausgehende Bewertungen unter Bezug auf kulturelle oder gesellschaftspolitische Aspekte etc. bleiben hier außer Betracht. Die Preise bilden sich prinzipiell auf Märkten in der üblichen Interaktion von Angebot und Nachfrage.

Der Gegenstand des Handels auf diesen Märkten ist nicht eine materiell existente Ware (z.B. ein Videoband), sondern das immaterielle Recht, Fernsehbilder von einem bestimmten Sportereignis in einem näher bezeichneten Umfang auszustrahlen. Dies ist für einzelne Regionalmärkte definiert, die in der Regel mit der geografischen Reichweite der entsprechenden Programme übereinstimmen.[3] Wir gehen im folgenden davon aus, daß die Bundesrepublik Deutschland in diesem Sinne eine Region darstellt, die wir insgesamt betrachten können.

Der Handel mit Fernsehrechten setzt voraus, daß die Anbieter das preisliche Ausschlußprinzip anwenden können, was in Ermangelung physischer Möglichkeiten durch von der Rechtsordnung geschützte Eigentumsrechte gewährleistet wird.

Von diesen Fernsehrechten zu unterscheiden sind die Rechte zur Nutzung von Fernsehsignalen. Fernsehsignale, die praktisch die Fernseh-Software darstellen, entstehen durch den Produktionsvorgang (Kamera, Bildregie, Ton etc.) und die Einspeisung in die Übertragungswege.[4]

3 Die Fernseh-Distribution über Satelliten macht diese Zusammenhänge wesentlich komplizierter, was jedoch erst zukünftig quantitative Bedeutung bekommen wird und hier nicht weiter betrachtet werden soll.

4 Für Signalrechte gilt ebenfalls, daß das preisliche Ausschlußprinzip in Ermangelung physischer Möglichkeiten des Ausschluß durch die Rechtsordnung gewährleistet werden muß. Bei der heute üblichen Form der Überspielung und Ausstrahlung der Signale ist es jedem Fernsehveranstalter *technisch* möglich, an das Bild- und Tonmaterial der anderen zu gelangen.

In vielen Fällen werden allerdings von den Fernsehveranstaltern (insbesondere bei Sportveranstaltungen im Ausland) die eigentlichen Fernsehrechte und die Signale komplett erworben, sofern die Produktion von anderen durchgeführt wird. Soweit nicht gesondert erörtert, wird im folgenden unterstellt, daß die Signale über das gesamte Sportereignis vom Hauptrechteinhaber produziert werden.

Anbieter von Fernsehrechten sind die Sportveranstalter. Nachfrager sind die Fernsehveranstalter. Obwohl es möglich und in einigen Bereichen auch üblich ist, daß Fernsehrechte zwischen Fernsehveranstaltern weiterverkauft werden und Zwischenhändler auftreten, die keine Fernsehveranstalter sind, wird dies hier nicht gesondert betrachtet, da es ökonomisch für unser Thema keine neuen Aspekte ergibt.

Da auf den Märkten für Fernsehrechte einige ordnungstheoretisch interessante Strukturfaktoren relevant sind, die von denjenigen »normaler« Produkte und Märkte abweichen, sind hierzu einige Vorbemerkungen erforderlich, die auch der Erklärung wichtiger Begriffe dienen.

Ein wesentliches Merkmal besteht darin, daß für TV-Rechte - und gleichermaßen auch für die Nutzung der Software - Nichtrivalität gilt. In allgemeiner Formulierung bedeutet Nichtrivalität, daß die Nutzung des betreffenden Gutes durch ein Wirtschaftssubjekt nicht den Nutzen eines anderen Wirtschaftssubjekts an demselben Gut reduziert. Es impliziert, daß die Produktionskosten unabhängig von der Zahl der Nutzer sind, bzw. daß die Grenzkosten (inkrementale Kosten) jedes weiteren Nutzers null sind.[5]

Nichtrivalität für Fernsehrechte innerhalb einer Region heißt, daß ein Zuschauer durch den gleichzeitigen Konsum derselben Sendung durch andere Zuschauer nicht in seinem Nutzen beeinträchtigt wird. Daraus folgt, daß die Durchschnittskosten (d.h. pro Zuschauer) des Fernsehveranstalters für die Rechte mit der Zahl der Zuschauer innerhalb eines Teilmarktes sinken. Hier bedeutet es sogar, daß bei jeder Verdoppelung der Zuschauerzahl die Durchschnittskosten halbiert werden.

Nichtrivalität besteht für Fernsehrechte aber auch zwischen verschiedenen Regionalmärkten. Das heißt, die Nutzung eines Fernsehrechts durch Ausstrahlung in einer Region schmälert nicht den Nutzen für eine andere Region. Für den Sportveranstalter verursacht der Verkauf der Rechte an eine weitere Region keine zusätzlichen Kosten.

Dies hat die Konsequenz, daß zwischen Fernsehveranstaltern verschiedener Regionen keinerlei Nachfrage-Konkurrenz um bestimmte Sportrechte besteht.

5 Dies betrifft die Nutzung der Rechte bzw. der Software. Dabei wird unterstellt, daß die gesamte Distributions-Infrastruktur und die Fernsehgeräte bereits vorhanden sind.

Die Preisbildung in den verschiedenen Regionalmärkten für die Rechte von demselben Ereignis erfolgt unabhängig voneinander - jedenfalls dann, wenn über das Stattfinden der betreffenden Veranstaltung bereits entschieden ist. Die Preise werden deshalb in verschiedenen Regionen entsprechend der jeweils nachfragerelevanten und strukturellen Faktoren unterschiedlich hoch sein.
Die Summe der Erlöse der Teilmärkte sind die relevanten Gesamterlöse des Rechteanbieters. Für längerfristige Angebotsentscheidungen[6] ist relevant, ob diese summierten Erlöse die Gesamt-Produktionskosten decken werden. Bei konkreten Preisverhandlungen ist der Anbieter natürlich bestrebt, in jedem einzelnen Teilmarkt seine Erlöse zu maximieren.

4.2.2 *Zahlungsbereitschaft und Preisbildung*

Für die Rechte an einem bestimmten Sportereignis stehen also nur die Fernsehveranstalter der jeweiligen Region in Konkurrenz. Wir unterstellen zur Vereinfachung, daß das zugehörige Fernsehrecht vom Sportveranstalter nur an einen dieser TV-Veranstalter vergeben wird. Dessen Rechte, die somit zunächst alle anderen Fernsehveranstalter von dem Ereignis ausschließen, werden dann üblicherweise als Exlusivrechte bezeichnet. Da später (Kapitel 6) die verschiedenen Möglichkeiten analysiert werden, Zweitrechte für längere oder kürzere Berichterstattungen an andere Fernsehveranstalter weiterzugeben, und es sich dann nicht mehr um eine exklusive Nutzung im eigentlichen Sinne handeln würde, werden hier die umfassenden Fernsehrechte generell als »Hauptrechte« bezeichnet. Der Begriff der Hauptrechte sagt also nichts darüber aus, ob diese exklusiv genutzt werden oder nicht.
Der Sportveranstalter wird die Hauptrechte grundsätzlich an denjenigen vergeben, der den höchsten Preis dafür zu zahlen bereit ist.[7] Auch wenn das Vergabe-Verfahren in der Praxis nicht die institutionelle Form einer Auktion hat, können wir doch zur Vereinfachung von einer solchen Modellvorstellung ausgehen. Deren Prinzip besteht darin, daß die Konkurrenz der Nachfrager den Preis auf ein Niveau hebt, das die Zahlungsbereitschaft aller Nachfrager mit Ausnahme eines einzigen übersteigt.

6 Dies betrifft die Entscheidungen, ob bestimmte Sportveranstaltungen zukünftig überhaupt durchgeführt werden.

7 Dies wird gegebenenfalls modifiziert, wenn die verschiedenen Programme unterschiedliche Wirkungen auf andere Erlöse der Sportveranstalter (z.B. aus Sponsorwerbung) haben. Vgl. Kap. 5.

Die Zahlungsbereitschaft Zb_i eines TVV_i ist derjenige Betrag, den dieser *maximal* zu zahlen bereit wäre. Wenn Zb_1 und Zb_2 die beiden höchsten Zahlungsbereitschaften aller TVV_i sind, dann gilt für den Preis P als Ergebnis der Auktion:

$$Zb_1 \geqq P_j > Zb_2.$$

Für eine konkretere Eingrenzung müssen wir die Elemente der Zahlungsbereitschaft eines Fernsehveranstalters erörtern. Zur Verdeutlichung der ökonomischen Faktoren wird dazu eine Ungleichung formuliert und im folgenden erläutert:

(4-1) $$Zb_i \leqq E_i - SK_i + EZ_i + LÜ_i - OW_i.$$

E_i ist der Erlös, den sich der Fernsehveranstalter i bei optimaler Nutzung des Rechts in seinem Programm verspricht. Dies ist bei einem werbefinanzierten Programm der Nettoerlös aus der Werbung in den entsprechenden Sportsendungen, bei einem bei Pay-per-View-Programm wäre es der direkte sendungsspezifische Erlös von den Zuschauern. Bei einem Pay-Programm (Monats-Abonnement) ist es der monetär bewertete Beitrag dieser Sportsendung zur Attraktivität des Gesamtprogramms, das heißt für die tatsächlichen und potentiellen Abonnenten. Ein gebührenfinanziertes Programm müßte analog dazu eine pekuniäre Bewertung der dadurch realisierbaren Sportsendungen nach Maßgabe der Präferenzen seiner Zuschauer und seiner sonstigen Programmziele vornehmen.
Der Ausdruck SK_i beschreibt die softwarespezifischen Kosten, die dem Fernsehveranstalter i bei Nutzung des Rechts entstehen. Hierzu gehören zum Beispiel bei Eigenproduktion die Kosten zur Erstellung des Signals, die Kosten der Leitungswege, redaktionellen Bearbeitung und Kommentierung etc.
EZ_i sind gegebenenfalls die Erlöse aus dem Weiterverkauf von Rechten und/oder Signalen an inländische und/oder ausländische Programmveranstalter für Übertragungen, Berichte und Kurzberichte, sowie eventuelle andere Erlöse im Zusammenhang mit dem betrachteten Hauptrecht.
Der Ausdruck OW_i steht für »Opportunitätswert der Sendezeit«. Dies berücksichtigt die Tatsache, daß wegen der fraglichen Sportsendungen andere Sendungen nicht ausgestrahlt werden können, die alternativ ebenfalls Erlöse bzw. Akzeptanz beim Publikum bringen würden.[8]

8 Hier wäre also das Kalkül, ob die betreffende Sportsendung einen größeren Beitrag zur Akzeptanz des Programms etc. leisten wird als alternative Sendungen.

Darüberhinaus können längerfristige und strategische Überlegungen des Fernsehveranstalters i eine Rolle spielen, deren pekuniärer Wert hier mit $LÜ_i$ bezeichnet wird. Hierzu zählen zum Beispiel Ziele wie Erwerb von Marktanteilen, Aufbau eines Image als Sportprogramm, Erhöhung der Anschlußdichte im Kabelnetz bzw. Kaufanreize für Satelliten-Empfangsanlagen, Überlegungen bezüglich politischer Gebührenentscheidungen etc.
Die Attraktivität eines Sportereignisses als zentraler, inhaltlicher Faktor zur Bestimmung der Zahlungsbereitschaft geht in die Ungleichung (4-1) über die Größen E_i (Akzeptanz beim Publikum), EZ_i (Zweitrechteerlöse aus dem Weiterverkauf der Rechte und Signale) und $LÜ_i$ ein, die mit der Zahlungsbereitschaft positiv verknüpft sind.

4.2.3 *Aktualität, Voraufführung, Exklusivität und Zweitrechte*

Von zentraler Bedeutung für unser Problem sind die Preiseffekte, die durch zeitliche Reihenfolgen und Abstände zwischen Ereignissen und Sportsendungen bewirkt werden, sowie die als deren Konsequenz entwickelten Vertragselemente. Wir betrachten deshalb zunächst einige Bestimmungsgründe des Wertes der Fernsehrechte, die mit der zeitlichen Struktur zwischen dem Sportereignis, der Haupt-Coverage und gegebenenfalls zusätzlichen Sendungen in anderen Programmen zusammenhängen. Anschließend wird die Frage erörtert, warum (eventuell zeitlich begrenzte) Exklusivverträge üblich sind, obwohl das Merkmal der Nichtrivalität eine Nutzung in verschiedenen TV-Programmen nahezulegen scheint.
Aktualität. Grundsätzlich unterliegt jede Programmsoftware einer Wertminderung im Zeitablauf durch sinkende Aktualität zwischen Produktion und Konsum, die das Interesse der Zuschauer abnehmen läßt, so daß die erwarteten Einschaltquoten kleiner werden. Bestimmte Filme verlieren im Zeitablauf nur langsam an Wert, das heißt sie sind praktisch »lagerfähige« Güter[9]. Bei anderen Software-Einheiten nimmt das Konsum-Interesse rapide ab, das heißt ihr Wert sinkt sehr schnell. Derartige Rechte bzw. Software-Einheiten wären in dieser Terminologie als »verderbliche« Ware zu bezeichnen. Zu dieser Kategorie gehören Sportrechte.

Bei Ersatz dieses Terminus durch eine entsprechende Plangröße wird deutlich, daß hiermit auch ganz allgemein software-unabhängige Overheads erfaßt werden könnten. Jeder Programmveranstalter muß natürlich eine Reihe von Kosten decken, die nicht von der einzelnen Software abhängen, sondern für das Programm insgesamt anfallen.

9 Vgl. zu den folgenden Zusammenhängen KRUSE, Jörn, Märkte für Rundfunkprogramme, in: E.-J. MESTMÄCKER (Hrsg.), Offene Rundfunkordnung, Gütersloh 1988, 275-308.

Bei einer Live-Übertragung finden das Sportereignis und die Fernsehnutzung simultan statt. Die Ausstrahlung könnte jedoch prinzipiell auch mit einem mehr oder weniger großen zeitlichen Abstand nach dem Sportereignis erfolgen. Mit zunehmendem Abstand zum Ereignis, das zum Zeitpunkt t_0 stattfindet, sinkt die Aktualität und damit die Einschaltquoten. Angenommen, das TV-Recht eines Ereignisses würde alternativ mit verschiedenen Abständen zu t_0 angeboten. Die Zahlungsbereitschaft der Fernsehveranstalter und damit die Preise wären dann mit wachsender Zeitspanne geringer.[10]
Dies impliziert erstens, daß ein Fernsehveranstalter ein erworbenes Recht grundsätzlich entweder live oder sonst schnellstmöglich nutzen wird.[11] Es bedeutet zweitens, daß ein Sportveranstalter wegen der geringeren Zahlungsbereitschaft der TVV keine zeitlichen Restriktionen fordern wird, wenn keine massiven Gründe vorliegen. Außerdem ist die Angebotsfunktion zeitinelastisch, was für die Preisverhandlungen wesentlich ist.
Voraufführung und Exklusivität. Da für Fernsehrechte Nichtrivalität gilt, verursacht der Verkauf an zwei TV-Veranstalter dem Sportveranstalter keine höheren Kosten als bei Vergabe an nur einen. Man könnte also vermuten, daß er wegen mehrfacher Erlöse bei gleichen Kosten auch an mehrfacher Vergabe interessiert sein müßte. Dies ist jedoch unzutreffend. In der Praxis wird (gegenüber exklusiver Vergabe) die Summe der Erlöse bei mehrfacher Vergabe geringer sein, weil die Zahlungsbereitschaft der einzelnen Fernsehveranstalter dann drastisch kleiner ist. Dies erklärt sich durch den Einfluß der Voraufführungs- bzw. Parallel-Effekte.
Angenommen, ein bestimmtes Sportereignis würde von zwei oder mehr TV-Veranstaltern gleichzeitig übertragen (Parallel-Nutzung) und das Publikum[12] verteilt sich auf alle Programme. Dann reduziert sich in der Ungleichung (4-1) der Anteil des einzelnen E_i ceteris paribus proportional zu seiner gesunkenen Zuschauerzahl. Der Betrag EZ_i reduziert sich sehr stark, da im Inland keine wesentliche Nachfrage nach zusätzlichen Zweitrechten mehr bestehen wird und die Preise für eine Auslandsverwertung der Signale bei Konkurrenz der Anbieter gegen die Grenzkosten von null sinken werden.[13]
Demgegenüber bleiben die softwarespezifischen Kosten SK_i für jeden einzelnen TV-Veranstalter auf der gleichen Höhe wie bei exklusiver Nutzung, falls je-

10 Die Rechte sind in vielen Fällen schon am nächsten Tag praktisch wertlos bzw. nur noch als Archivmaterial nutzbar.
11 Siehe zu verschiedenen Gründen einer eventuellen Nicht-Live-Nutzung Abschnitt 4.3.
12 Bezüglich der Zahl der Zuschauer für ein bestimmtes Sportereignis wird angenommen, daß diese bei Coverage in einem oder mehreren Programmen insgesamt konstant bleibt. Die Einschaltquoten-Teilung zwischen verschiedenen Programmen wird in der Praxis natürlich ungleich sein (nach verschiedenen Qualitätsmerkmalen etc.).
13 Dies hängt in der Praxis von der Art der Signalverwertung (einzeln oder gemeinsam) ab.

der allein produziert. Im realistischeren Fall gemeinsamer Signalproduktion bleiben dennoch einige Kostenbestandteile (Leitungen, Kommentator) in gleicher Höhe, so daß die softwarespezifischen Kosten nicht im Umfang der Einschaltquoten-Teilung sinken. Die Opportunitätskosten der Sendezeit bleiben bei jedem einzelnen Programm auf der gleichen Höhe wie bei exklusiver Nutzung.
Aus diesen Überlegungen folgt, daß die Zahlungsbereitschaften der einzelnen TV-Veranstalter stärker sinken als ihre jeweiligen Zuschauerzahlen. Also könnte der Sportveranstalter nicht den gleichen Betrag erlösen wie bei Vergabe an *einen* Programmveranstalter, so daß die üblichen Exklusivregelungen wirtschaftlich leicht erklärbar sind.
Derartige Effekte auf die Zahlungsbereitschaft und damit auf die Preise und Erlöse werden noch deutlicher, wenn wir die zeitasymmetrische Variante (Voraufführungseffekt i.e.S.)[14] betrachten, das heißt, wenn die Übertragung eines Sportereignisses *nacheinander* in verschiedenen Programmen gezeigt wird.
Wenn ein bestimmtes Sportereignis vorher in einem anderen Programm ausgestrahlt wurde, kann der TV-Veranstalter nur noch mit einem kleinen Publikum rechnen, da die meisten interessierten Zuschauer bereits die frühere Aufführung gesehen haben. Das heißt, die spätere Sendung gleicher Art hat wesentlich geringere Einschaltquoten. Ein Fernsehveranstalter, der eine zeitversetzte Berichterstattung plant, wird deshalb bestrebt sein, eine vorherige Ausstrahlung in einem anderen Programm vertraglich auszuschließen, bzw. seine Zahlungsbereitschaft wird drastisch davon abhängen, ob dies gewährleistet ist oder nicht.
Ein Hauptrechteinhaber, der seinerseits Zweitrechte für Übertragungen oder längere Berichte an andere Fernsehveranstalter vergibt, wird Voraufführung i.e.S. und Parallel-Ausstrahlung ausschließen wollen, das heißt er bekommt vom Erwerber vertraglich zugesichert, daß dieser nicht vor ihm oder gleichzeitig sendet. Ein Zweitrecht ist also in zweierlei Weise gegenüber dem Hauptrecht im Wert gemindert, erstens durch die reduzierte Aktualität und zweitens durch den Voraufführungseffekt. Entsprechend wird die Zahlungsbereitschaft für Zweitrechte relativ gering sein.
Volkswirtschaftlich sind derartige Vertragsregelungen bezüglich der Exklusivität prinzipiell positiv zu beurteilen. Es wäre ökonomisch ineffizient, wenn zur Befriedigung des gleichen Bedarfs höhere Gesamtkosten der Produktion und mehrfache Opportunitätskosten der Sendezeit (Verdrängung anderer Sendein-

14 Aus Gründen sprachlicher Vereinfachung wird im folgenden der Effekt durch Voraufführung im engeren Sinne und durch Parallelnutzung zusammenfassend als »Voraufführungseffekt« bezeichnet.

halte) aufgewendet würden. Dies gilt allerdings im strengen Sinne nur dann, wenn (1) nicht durch Produktvariation gegenüber dem Zuschauer (zum Beispiel unterschiedliche Sendelängen, Kommentatoren etc.) zusätzliche Präferenzen befriedigt werden können und (2) sich alle Zuschauer zwischen allen Programmen entscheiden können.

4.2.4 *Modifikationen bei unterschiedlichen technischen Reichweiten und institutionellen Rahmenbedingungen*

Einige der vorher gemachten ökonomischen Aussagen bedürfen für die besonderen Verhältnisse in der Bundesrepublik gewissen Modifikationen. Die erste betrifft die unterschiedlichen technischen Reichweiten der einzelnen Programme. Vollversorgung besteht nur für das 1. ARD- und das ZDF-Programm sowie (im wesentlichen) für die 3. Programme. RTL-plus und SAT-1 haben nur eine Teilversorgung und sind somit gegenüber den erstgenannten im Nachteil. Sie haben jedoch wegen umfangreicher zugeteilter terrestrischer Frequenzen eine deutlich höhere technische Reichweite als die restlichen Privaten (z.B. TELE-5, PRO-7 etc.)
Zwar kann man seit kurzem argumentieren, daß jeder Bundesbürger alle relevanten, deutschsprachigen Fernsehprogramme empfangen könnte, wenn er bereit wäre, einen Kabelanschluß oder eine Satelliten-Empfangsanlage anzuschaffen. Es wäre jedoch gegenwärtig stark überzogen, daraus auf einen funktionsfähigen Programmwettbewerb zu schließen. Defacto müssen wir davon ausgehen, daß viele Zuschauer einige Programme nicht empfangen und insofern ihre Präferenzen für Sportkonsum nicht in gleicher Weise zum Ausdruck bringen können.
Wenn die Hauptrechte von reichweitenschwachen Programmveranstaltern erworben und somit viele interessierte Zuschauer davon ausgeschlossen werden, wäre dies als ökonomisch ineffizient zu bezeichnen. Die naheliegenden Alternativen sind jedoch gleichermaßen ökonomisch unbefriedigend. Der Aufkauf aller attraktiven Sportrechte durch die öffentlich-rechtlichen Rundfunkanstalten würde erstens den Markteintritt der Privaten und die Entwicklung zu einem dualen Rundfunksystem erheblich behindern und zweitens vor allem das begrenzte Gebührenbudget der Öffentlich-Rechtlichen über die Maßen beanspruchen, was zu Lasten weniger massenattraktiver Sport- und anderer Sendungen ginge und somit vermutlich den Programmauftrag verletzen würde. Die Weitergabe von Zweitrechten erscheint unter diesem Blickwinkel als die ökonomisch vernünftigste Lösung zur Befriedigung der Sport-Interessen der Zu-

schauer unter Wahrung der Zielsetzungen der öffentlich-rechtlichen und der privaten Programmveranstalter.
Als Folge unterschiedlicher Finanzierungsarten (werbefinanzierte und überwiegend gebührenfinanzierte Programme) und Reichweiten besteht zwischen diesen ein unterschiedliches Interesse am Ausschluß von Voraufführungs- und Parallel-Effekten. Einerseits ist der Voraufführungs-Effekt für ein privates Programm durch ein öffentlich-rechtliches wegen der Reichweitenunterschiede weit höher als umgekehrt. Außerdem bewirkt ein Paralleleffekt bei gleichzeitiger Ausstrahlung für ein werbe*finanziertes* Programm eine stärkere Einschaltquoten-Minderung als für ein werbe*freies*, da es in den Augen des Publikums den natürlichen Nachteil der Werbeunterbrechungen hat. Andererseits können die Privaten wegen ihrer umfangreicheren Werbe-Möglichkeiten in konkreten Fällen attraktiver Sportereignisse durch spezielle Verträge mit Werbetreibenden wesentlich flexibler kalkulieren als die öffentlich-rechtlichen Rundfunkanstalten.[15] Es gibt keinen Grund für die Annahme, daß diese Effekte sich gegenseitig adäquat kompensieren.
Der Nachfrage-Wettbewerb zwischen den verschiedenen Fernsehveranstaltern wird also ganz wesentlich durch Faktoren bestimmt, die primär politisch determiniert sind, insbesondere die Entwicklung der Distributions-Infrastruktur, die Gebührenhöhe und die Werberestriktionen. Dies kann hier nicht eingehender erörtert werden, macht jedoch deutlich, daß der Wettbewerb um Hauptrechte nicht automatisch ökonomische Effizienz erwarten läßt.
Ein aus den differierenden Reichweiten resultierender relevanter Unterschied bezieht sich auf die Nichtpreis-Kalküle der Sportveranstalter bei der Hauptrechte-Vergabe. Wir haben in Kapitel 3 gesehen, daß in einer Reihe von Fällen das Fernsehen einen Reklame-Effekt für den Stadionbesuch haben kann. Kapitel 5 wird deutlich machen, daß die Höhe der Sponsoren-Einnahmen der Sportveranstalter ganz wesentlich von der Multiplikatorwirkung der Werbebotschaften durch das Fernsehen abhängt. Da derartige Erlös-Effekte von der Reichweite der TV-Programme abhängen, wird ein Sportveranstalter bei der Vergabe eventuell selbst dann einen reichweitenstarken Fernsehveranstalter bevorzugen, wenn dessen Zahlungsbereitschaft geringer ist als die eines anderen Programms mit kleinerer technischer Reichweite.

15 Diese sind neben den Werberestriktionen auch noch durch ihre vergleichsweise starren Programmschemata behindert.

4.3 *Sendelängen und zeitliche Programm-Strukturen für Hauptsendungen und Kurzberichte*

Der vorangegangene Abschnitt hat deutlich gemacht, daß die eventuellen Einschaltquoten-Effekte zwischen verschiedenen TV-Sendungen mit gleicher Software von deren zeitlicher Struktur abhängen. Für die terminliche Plazierung einer konkreten Sportsendung werden die Folgerungen aus Abschnitt 4.2.3 noch durch zusätzliche Faktoren relativiert, die die anstehenden Probleme weiter komplizieren. Hinzu kommt, daß die Hauptrechteinhaber jeweils Entscheidungen über ihren tatsächlichen Sendeumfang zu treffen haben. Beides bestimmt die Wirkungen von Kurzberichten in Konkurrenz-Programmen im konkreten Einzelfall.

4.3.1 *Berichte und Übertragungen, Information und Unterhaltung*

Eine Aufgliederung von Begriffen bezüglich verschiedener Arten von Ausstrahlungen eines Sportereignisses ist in Abb. 4-1 dargestellt. Da die Unterscheidung der Begriffe »Übertragung« und »Bericht« für die Problemstellung der Arbeit wesentlich ist, wurde als Oberbegriff für alle Formen und Umfänge der Präsentation im Fernsehen in Ermangelung eines geeigneten deutschen Terminus »TV-Coverage« gewählt.

Übertragungen sind im wesentlichen unveränderte, fernsehgerechte Wiedergaben der Geschehnisse. Übertragungen können live (simultan) oder zeitversetzt gesendet werden, wobei Ersteres quantitativ weit bedeutsamer ist. Sie umfassen in der Regel das ganze Ereignis oder wesentliche Teile davon. Die Ausnahme bilden Live-Kurzeinblendungen, die vom Staatsvertrag in das Recht auf unentgeltliche Kurzberichterstattung einbezogen sind und in Artikel 10 a Abs. 1 als »kurzzeitige Direktübertragung« bezeichnet werden.[16]

Berichte bestehen aus der Wiedergabe einzelner Szenen des betreffenden Sportereignisses, die nach redaktionellen Kriterien ausgewählt und mit einem zusammenfassenden Kommentar versehen sind. Berichte werden grundsätzlich zeitversetzt, das heißt nach dem Ereignis, gesendet, da Auswahl, Zusammenstellung und Kommentierung den Überblick über den Berichtsgegenstand und Zeit zur Fertigstellung erfordern. Die verschiedenen Berichtslängen werden hier grob in vier Abschnitte klassifiziert.

16 Live-Kurzeinblendungen haben ebenfalls in der Regel eine maximale Länge von 90 Sekunden.

Abb. 4-1 Übertragungen und Berichte

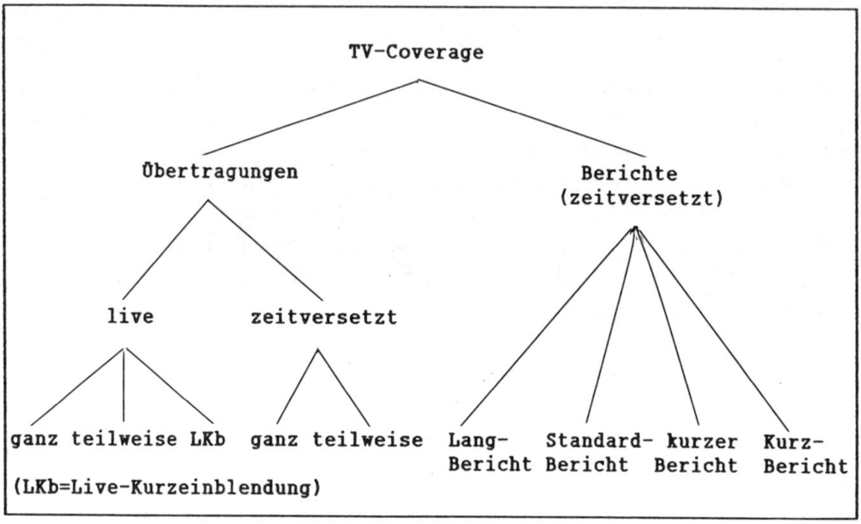

Mit Kurzberichten sind Sendelängen von in der Regel maximal 1:30 Minuten gemeint, die typischerweise in Nachrichtensendungen[17] oder in den Nachrichtenteilen von Sportsendungen Verwendung finden.[18] Die Sendelängen beziehen sich hier ausschließlich auf den zeitlichen Umfang aktueller Bewegtbilder vom Ereignis, nicht jedoch auf eventuell ergänzende Präsentationsformen in der gleichen Sendung.[19]

Früher wurden Sendelängen bis unter 3 Minuten als Kurzberichte bezeichnet. Für einige Argumente wird darauf noch Bezug genommen. Wir bezeichnen Berichte im Umfang zwischen 1:30 und 2:59 Minuten im folgenden als kurze Berichte, um einerseits die Nachbarschaft deutlich zu machen und andererseits

17 Es wird deshalb auch von »Nachrichten im Film« (NiF) gesprochen.

18 Als »Kurzbericht« wird eine Coverage bis zu 1:30 Minuten im folgenden auch dann bezeichnet, wenn dabei ein ganzes Sportereignis erfaßt wird (einzelner 100-m-Lauf, Boxkampf mit schnellem K.O.), es also im strengen Sinne keine Auswahl von Szenen darstellt.

19 Zu solchen ergänzenden Präsentationsformen gehören z.B. vorher oder nachher verlesene, ergänzende Nachrichten (evtl. auch durch Standbilder unterlegt) vom gleichen Sportereignis, eine textliche oder grafische Präsentation, Kommentare, Interviews, Gespräche mit Studiogästen, filmische Beiträge aus dem Vor- oder Umfeld der Sportveranstaltung, Rückblicke auf einschlägige frühere Ereignisse etc. Derartige Elemente von Sportsendungen sind nicht Gegenstand der staatsvertraglichen Regelungen und zählen auch nicht mit bei der Bestimmung des zeitlichen Umfangs eines Kurzberichts.

die Grenze von 1:30 für Kurzberichte durchgängig aufrecht zu erhalten. Mit Standardberichten sind hier die typischen Sendelängen gemeint, wie sie als Hauptbeiträge in Sport-Magazinsendungen, die auch als redaktionelle Sportsendungen bezeichnet werden,[20] üblich sind. Die weniger relevante Grenze zu Langberichten ist hier bei ca. 12-15 Minuten anzusetzen.

Wenngleich derartige Aufspaltungen generell problematisch sind, wollen wir bezüglich verschiedener Arten von Berichterstattungen eine Trennung in Informationswert und Unterhaltungswert vornehmen. Trotz methodischer Probleme und vieler Unterschiede zwischen einzelnen Zuschauern und Sportarten erscheint ein solcher Versuch lohnend, weil er unterschiedliche Einflüsse des Berichterstattungsumfangs darlegt.

In Abb. 4-2 sind auf der linken Seite für ein längeres Sportereignis unterschiedlich ausführliche TV-Berichterstattungsformen aufgelistet. Dies beginnt mit einer einfachen Nachricht über das Ereignis, gefolgt von ausführlicheren, verbalen Nachrichten, die eventuell durch Fotos, Grafiken etc. ergänzt sind, aber noch keine bewegten Originalbilder vom aktuellen Ereignis beinhalten. Diese Formen der Berichterstattung sind nicht von der Staatsvertrags-Novellierung erfaßt, da sie unbestritten unentgeltlich möglich sind.

Der Gegenstand des Staatsvertrags ist also nur der in der Abb. 4-2 dann folgende Kurzbericht von maximal 90 Sekunden, während die längeren Berichte und Übertragungen wiederum nicht erfaßt sind. Auf der rechten Seite ist dafür jeweils der Informations- bzw. Unterhaltungswert in der Einschätzung durchschnittlicher Fernsehzuschauer gezeigt.

Schon eine kurze, verlesene Nachricht (z.B. über das Ergebnis eines Spiels) hat einen gewissen Informationswert. Dieser wäre für Fernseh-Zuschauer deutlich höher bei visueller Information durch einen kurzen Nachrichtenfilm. Der Informationswert steigt mit längeren Berichten bzw. Übertragungen zwar weiter an, befriedigt dann aber nur noch wenige zusätzliche Informationswünsche der Zuschauer, das heißt, der Grenzinformationswert längerer Coverage ist gering. Wie stark sich der Informationswert mit der Ausführlichkeit der Berichterstattung verändert und welche Bedeutung das Informations-Interesse im konkreten Fall überhaupt hat, ist zwischen den Sportarten unterschiedlich. Es wurde schon oben darauf hingewiesen, daß die Eignung zur Zusammenfassung bei verschiedenen Sportarten und Ereignissen differiert. Dies gilt nicht nur für Kurzberichte, sondern im Prinzip auch für Nachrichten und längere Berichte.

Ein Unterhaltungswert besteht bei Nachrichten praktisch gar nicht und ist bei Kurzberichten immer noch ziemlich gering. Er wächst mit zunehmender Sen-

20 Z.B. ARD-Sportschau, Aktuelles Sportstudio, Sport am Sonntag.

Abb. 4-2 Informations- und Unterhaltungswert

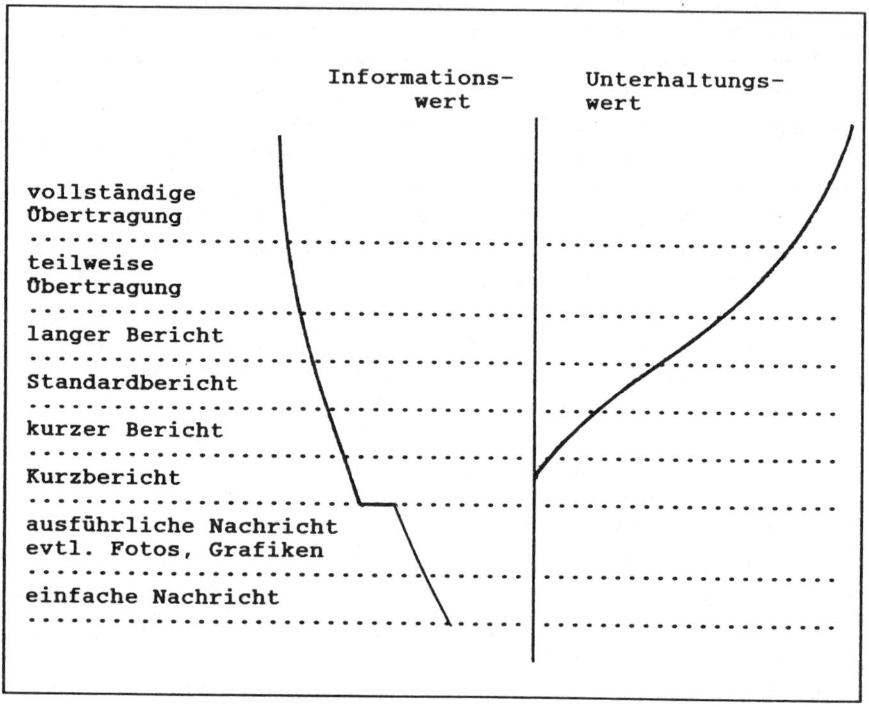

dezeit an, bis später ebenfalls Sättigungswirkungen eintreten, die dann den Grenzunterhaltungswert bei »more of the same« reduzieren.
Beide Kurven, die in der dargestellten Weise lediglich einen Plausibilitätswert haben, zeigen einen deutlich unterschiedlichen Verlauf bezüglich ihrer Wertzuwächse (Nutzenzuwächse) bei steigendem Umfang der TV-Coverage. Sie veranschaulichen, daß Kurzberichte bereits wesentliche Informationsbedürfnisse befriedigen, aber nur sehr wenige Unterhaltungsbedürfnisse. Eine Reihe von Informationen, die möglicherweise Konsumentscheidungen der Zuschauer beeinflussen könnten,[21] werden indes schon von Nachrichtensendungen ohne Original-Filmausschnitte geliefert. Bei einfachen Berichten überwiegen die Informationswerte, bei längeren die Unterhaltungswerte.

21 Wir hatten in Kapitel 2 gesehen, daß das Zuschauer-Interesse unter anderem davon beeinflußt wird, wie erfolgreich die eigene Mannschaft ist etc. Diese Information liefert auch schon die einfachste Ergebnismeldung.

Wir gehen davon aus, daß das primäre Auswahlkriterium der Sportredakteure für die in einem Kurzbericht gezeigten Szenen der Informationsgehalt für die Zuschauer ist.[22] Dennoch kann man sagen, daß Kurzberichte die »TV-Rosinen« eines Sportereignisses sind, weil insgesamt die wichtigsten und attraktivsten Szenen gezeigt werden.
Die Eignung für Kurzberichte ist besonders gering bei Sportarten mit dominierendem Unterhaltungskonsum[23] und hoch bei Sportereignissen, bei denen sich das Wesentliche auf wenige Höhepunkte konzentriert. Bei einigen Sportarten richtet sich das Interesse vorrangig auf das Ende.[24] Diese können ebenso gut in Kurzberichten erfaßt werden wie Sportarten mit einer geringen Zahl ergebnisrelevanter Szenen.[25] Dies ist zum Beispiel bei Handball und Basketball anders.[26] Umso schwieriger wird es, einen hohen Prozentsatz von dem, was eine TV-Live-Übertragung bietet, in 1:30 Minuten zu erfassen. Das heißt, ein Kurzbericht befriedigt entsprechend weniger Informations-Bedürfnisse. Bei höhepunktreichen bzw. dramaturgisch interessanten[27] und unterhaltungsorientierten[28] Sportarten ist es ebenfalls nicht möglich, einen großen Teil des für die Zuschauer Interessanten in einem Kurzbericht unterzubringen.

22 Grundsätzlich kann gefragt werden, nach welchen Kriterien ausgewählt wird - informationsorientiert oder unterhaltungsorientiert (spielentscheidende Szenen oder spektakuläre Zwischenfälle, Schönheiten und Prominente im Publikum).

23 Vgl. Abschnitt 2.2.2.

24 Dies gilt bei vielen Ereignissen insbesondere für den Zieleinlauf, während vorher eventuell nur wenig passiert, was für durchschnittliche TV-Zuschauer interessant ist. Hierzu gehören z.B. Radrennen, Pferderennen, Langstreckenläufe etc.

25 Dies ist in relativ hohem Umfang beim Fußball (wenig Tore pro Spiel) gegeben. Die meisten Spiele weisen neben den interessanten Tor- und Strafraum-Szenen, guten Pässen und Zweikämpfen etc. längere Strecken relativ uninteressanten Mittelfeld-Geplänkels, Spielunterbrechungen etc. auf. Untersuchungen haben ergeben, daß die effektive Spielzeit beim Fußball nur 55 Minuten beträgt. Nur ein Teil dieser Zeit wiederum ist publikumsattraktiv bzw. so gelagert, daß ein zählbarer Erfolg (Tor) eintreten kann.

26 Es fallen mehr Tore bzw. Körbe. Das Mittelfeld wird schneller überbrückt, so daß das Geschehen laufend »torverdächtig« ist.

27 Zum Beispiel beim Tennis kann jeder Schlag einen Punkt bringen. Die gestufte Zählweise (Punkt, Spiel, Satz, Match) schafft eine Dramaturgie, die über weite Strecken des Spiels für den Zuschauer Spannung erzeugen kann. Das Publikums-Interesse geht hier aber meist über das Ergebnis-Relevante hinaus. Die Zuschauer wollen die Ballwechsel um ihrer selbst sehen, und zwar nicht nur die Satz- oder Matchbälle, die meist keineswegs die interessantesten sind. Tennis ist deshalb relativ wenig für Kurzberichte geeignet, bzw. das Bedürfnis nach Tennis-Konsum wird durch Kurzberichte relativ wenig befriedigt.

28 Ebenso beim Eiskunstlaufen, wo das Interesse der Zuschauer auf den Lauf selbst (und nicht vornehmlich auf das Ergebnis) gerichtet ist.

4.3.2 *Optimale Nutzung der TV-Rechte*

In den Analysen der Wirkung von Kurzberichten im Abschnitt 4.4 wird es einen wesentlichen Unterschied machen, ob der Kurzbericht vor, während oder nach der Hauptsendung erfolgt. Die Ausführungen in Abschnitt 4.2.3 legen nahe, daß die Hauptrechte wegen des Aktualitäts- und Voraufführungseffekts zu Livesendungen genutzt werden. In einzelnen Fällen wird dies jedoch durch verschiedene Faktoren relativiert, die eine zeitversetzte Ausstrahlung vorteilhaft machen. Die wichtigsten dieser Faktoren werden in den folgenden 5 Punkten (A) bis (E) erläutert. Dabei hat insbesondere die Erörterung der optimalen Sendelänge noch eine eigenständige Relevanz für die nachfolgenden Überlegungen zur Wirkung von Kurzberichten.

(A) Optimale Sendelänge. Ein wesentlicher Faktor hängt mit dem Kalkül des Hauptrechteinhabers bezüglich der optimalen Sendelänge[29] zusammen, was wir anhand der Ungleichung (4-1)[30] betrachten wollen.

Hinsichtlich der Sendelänge ist erstens zu berücksichtigen, daß der größte Teil der Gesamtkosten[31] nahezu fix ist, das heißt unabhängig von der Sendelänge. Dies impliziert, daß die Kosten pro Sendeminute umso stärker steigen, je kürzer die Sendelänge ist, was insofern eine Tendenz zur ausführlichen Coverage bewirkt. Auf der anderen Seite ist der Opportunitätswert der Sendezeit (im Sinne der Ziele der Programmveranstalter) zu beachten. Je länger die Sport-Coverage ist, desto mehr andere Sendeinhalte werden verdrängt. Hier ist in einem Marginalkalkül der Wert der letzten Sendeminute mit dem entsprechenden Wert der letzten Sendeminute der verdrängten Sendung zu vergleichen. Derartige Kalküle werden natürlich für verschiedene Fernsehveranstalter aufgrund unterschiedlicher Ziele und Programmgrundsätze voneinander abweichen.

Entsprechend wird die Zielgröße E_i von unterschiedlichen Sendelängen verschieden beeinflußt. Bei werbefinanzierten Programmen gilt für attraktive Sportveranstaltungen, daß eine längere Übertragungen mehr Werbeeinblendungen ermöglicht und damit (innerhalb gewisser Grenzen) höhere Erlöse bringt. Bei gebührenfinanzierten Programmen sind die Einnahmen von der Sendelänge unabhängig und die Akzeptanz bei den Zuschauern (bzw. bei den Politikern) wird durch eine längere Coverage nur unwesentlich beeinflußt.[32]

29 Dies beinhaltet die Frage, ob der Hauptrechteinhaber ein bestimmtes Sportereignis ganz oder teilweise überträgt bzw. kürzere oder längere Berichte sendet.

30 (4-1) lautet: $Zb_i \leqq E_i - SK_i + EZ_i + LÜ_i - OW_i$. Abschnitt 4.2.2.

31 Dies gilt insbesondere für die Kosten der Rechte und der Produktion.

32 Diese Erlösaspekte sind (zusammen mit den vorgenannten Kosten- und Opportunitätskosten-Überlegungen) der Grund dafür, daß SAT-1 und RTL-plus zum Beispiel ihre Tennisrechte

Im konkreten Fall hängt die Entscheidung über die Sendelänge bei gegenläufigen Einflußfaktoren natürlich von den diesbezüglichen Präferenzen der Zuschauer ab. Betrachten wir dazu Abb. 4-3, die den Zusammenhang von Ereignis- und Sendelängen zeigt. Auf der Ordinate (Abb. 4-3a) ist die Dauer eines bestimmten Sportereignisses und auf der Abszisse ist die Länge S der entsprechenden Fernseh-Coverage in gleicher Zeitskala abgetragen. Der Punkt C_a kennzeichnet als Beispiel einen Fall, bei dem das Ereignis eine Länge von D_j Minuten hat und von dem im TV S_a Minuten gezeigt werden. Eine vollständige Übertragung hätte eine Sendelänge von S_v erfordert (Punkt C_v). Alle Punkte auf dem 45°-Strahl kennzeichnen eine vollständige Coverage, alle Punkte links oberhalb davon eine teilweise Coverage.

Abb. 4-3: Ereignis- und Coverage-Länge

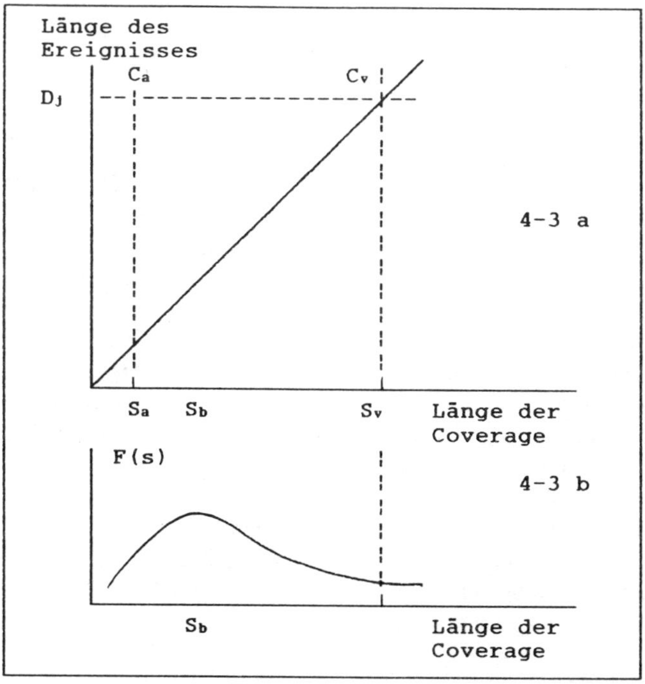

(z.B. Masters- Turnier bzw. Wimbledon) zu vielstündigen Übertragungen (auch zur besten Sendezeit) nutzen, während die öffentlich-rechtlichen Rundfunkanstalten früher von den gleichen Veranstaltungen oft nur relativ kurze Zusammenfassungen gebracht haben.

Betrachten wir ein Sportereignis der Dauer D_j. Der Hauptrechteinhaber kann sich für Sendelängen zwischen 0 beziehungsweise einer redaktionellen Minimal-Coverage und der vollständigen Übertragungen S_v entscheiden. Angenommen, man könnte die Präferenzen der einzelnen Zuschauer bezüglich der Länge der Coverage feststellen. Diese wären dann für das Gesamtpublikum durch eine Häufigkeitsverteilung F über der S-Achse darstellbar (Abb. 4-3b). Generelle Aussagen über die Verläufe derartiger Häufigkeitsverteilungen lassen sich nicht machen. Diese hängen ab von der Popularität der jeweiligen Sportart, der Attraktivität des betreffenden Ereignisses, der TV-Eignung der Sportart, ihrer Eignung für Zusammenfassungen, ihrem Unterhaltungswert, der Länge des Ereignisses insgesamt etc. Nehmen wir an, im konkreten Fall würde die Kurve in Abb. 4-3b die Präferenzen der Zuschauer widerspiegeln. In diesem Beispiel präferiert eine große Zahl von Zuschauern also einen Bericht im Umfang von ca s_b Minuten. Da der Programmveranstalter sich für *eine* Sendelänge entscheiden muß, werden die Zuschauer die angebotene Coverage, wenn sie von ihrer präferenzoptimalen abweicht, entweder trotzdem konsumieren oder darauf verzichten. Letzteres ist insbesondere dann relevant, wenn die Sendedauer weit größer ist als gewünscht, da dies zu geringeren Einschaltquoten führt.

Die Entscheidung für nicht-vollständige Übertragung zur Sendezeit-Einsparung bedeutet zwar nicht zwingend, aber doch in den meisten Fällen einen Verzicht auf Live-Übertragung,[33] da die relevante Alternative in der zusammenfassenden Berichterstattung besteht, für die zur Herstellung ein zeitlicher Abstand zwischen Ereignis und Sendungen erforderlich ist.

(B) Ein zweiter relevanter Grund für den Hauptrechteinhaber, zeitversetzt zu berichten, entsteht aus dem Bestreben, größere Zuschauerzahlen zu erreichen. Viele Sportereignisse finden außerhalb der zuschauerstarken Tageszeiten bzw. Wochentage statt. Einige Sportereignisse (insbesondere in Freiluft-Sportarten) sind technisch bedingt oder traditionell tagsüber (z.B. Skirennen). Sportereignisse in anderen Kontinenten werden schon wegen der Zeitverschiebung nicht immer zur deutschen prime-time liegen können.

Eine andere Möglichkeit des Programmveranstalters zur Reaktion auf ungünstige Ereigniszeiten besteht darin, sowohl live zur Originalzeit (z.B. nachts) zu übertragen als auch zeitversetzt zu einschaltquotenstärkerer Sendezeit zu berichten.

(C) Ein dritter Grund kann darin bestehen, daß ein Fernsehveranstalter Rechte für mehrere Ereignisse erworben hat, die zu gleicher Zeit stattfinden

33 Dies muß vor allem dann nicht gelten, wenn vorher feststeht, *wann* die interessanten Teile des Sportereignisses stattfinden werden.

(zum Beispiel Fußball-Europapokal-Spiele), so daß eines zeitversetzt gesendet werden muß. Es könnte auch sein, daß ein Programmveranstalter eine zeitversetzte Coverage vorzieht, um nicht mit einem noch attraktiveren Ereignis in einem anderen Programm um die gleiche Zuschauergruppe zu konkurrieren.
(D) Viele Sportereignisse sind bezüglich Länge, Anfangszeit und Ende vorher nicht kalkulierbar. Dies gilt insbesondere in Sportarten, bei denen das Ende (das für das Publikum in der Regel am interessantesten ist) durch den Spielstand bestimmt wird (z.B. Tennis) und die Anfangszeit vom Ende des vorher stattfindenden Spiels abhängt. Solche Sportereignisse sind nur schwer in ein bestehendes Programmschema einzupassen, insbesondere wenn die Ereignisse selbst sehr zeitaufwendig sind. Nachträgliche Berichte geben hier die Möglichkeit, die Coverage in einen vorher angekündigten Programmplan einzupassen. Dies gilt im Prinzip auch für die Fälle, in denen das Zuschauer-Interesse von der Mitwirkung bestimmter Sportler abhängt, was ebenfalls nicht rechtzeitig von der Programmplanung erfaßt werden kann.[34]
(E) Ein weiterer Grund für eine Nicht-Live-Nutzung kann sein, daß der Sportveranstalter wegen anderer Interessen keine Live-Rechte vergibt und für den Fernsehveranstalter insofern nur zeitversetzte Coverage in Frage kommt. Dies ist in der Bundesrepublik insbesondere für Fußball-Bundesliga-Berichterstattung relevant.

4.3.3 *Zeitraster für Hauptnutzung und Kurzberichte*

Für die folgenden Erörterungen werden die möglichen Sendezeiten in Bezug auf das Ereignis für die Hauptrechte-Nutzung und für die Kurzberichte in vereinfachte Gruppen eingeteilt und in Abb. 4-4 veranschaulicht. Die vertikale und die horizontale Achse repräsentieren (im gleichen Maßstab) zeitliche Abstände von einem Sportereignis, das in der Periode t_0 stattfindet. Die Zeit ist in diskrete Perioden t_0 bis t_n unterteilt, um die Analyse zu vereinfachen.
Auf der vertikalen Achse sind die Sendezeiten der Hauptnutzung aufgetragen. Eine Live-Übertragung erfolgt also in der Periode t_0 und wird im folgenden auch mit Ü0 (Übertragung zum Zeitpunkt t_0) abgekürzt. Entsprechend bedeuten Ü2 bzw. Ü4 Übertragungen bald danach bzw. wesentlich nach dem Ereignis. B2 bzw. B4 in den gleichen Perioden bedeuten etwas bzw. stark zeitversetzte Berichte im Programm des Hauptrechteinhabers.

34 Der Sportler, von dessen Mitwirkung eventuell das Zuschauer-Interesse abhängt, könnte z.B. kurz zuvor ausgeschieden sein.

Abb. 4-4 Haupt-Coverage und Kurzberichte

wesentl. danach	B4 Ü4	t_4		B4/K1 Ü4/K1	B4/K2 Ü4/K2	B4/K3 Ü4/K3	B4/K4 Ü4/K4	B4/K5 Ü4/K5
einige Z danach		t_3						
bald danach	B2 Ü2	t_2		B2/K1 Ü2/K1	B2/K2 Ü2/K2	B2/K3 Ü2/K3	B2/K4 Ü2/K4	B2/K5 Ü2/K5
gleich danach		t_1						
live	Ü0	t_0		Ü0/K1	Ü0/K2	Ü0/K3	Ü0/K4	Ü0/K5
		0	t_0	t_1	t_2	t_3	t_4	t_5
				K_1	K_2	K_3	K_4	K_5

Mit Ü2 bzw. B2 sind nicht unbedingt ganz feste zeitliche Abstände (z.B. 2 Stunden nach Ende des Spiels) gemeint. Es erscheint zweckmäßiger, dies an den üblichen Fernseh-Nutzungs-Mustern zu orientieren. Danach wäre Ü2 bzw. B2 etwa die Coverage eines Nachmittags-Ereignisses am frühen Abend[35] und die Coverage eines Abend-Ereignisses am späteren Abend. Der Zeitpunkt t_4 ist deutlich danach, zum Beispiel abends Übertragungen vom Ereignis am vormittag oder aus der letzten Nacht.

In einzelnen Fällen kann die Möglichkeit relevant sein, daß der Hauptrechteinhaber zum Beispiel nachts live überträgt und wesentlich später zu besserer Sendezeit einen zusammenfassenden Bericht bringt. Dies wird hier als Ü0+B4 bezeichnet.

Auf der horizontalen Achse sind die gleichen Periodeneinteilungen für die Kurzberichte vorgenommen worden und mit K1 bis K5 bezeichnet. Kurzberichte können frühestens kurz nach dem Ereignis[36] gesendet werden, wenn wir von der Möglichkeit von Live-Kurzeinblendungen absehen.

Die Felder der Matrix stellen also die möglichen zeitlichen Kombinationen von Hauptrechte-Sendungen und Kurzberichten dar. Alle Felder entlang der

35 Z.B. die Berichte von der Fußball-Bundesliga am Samstag (Spielzeit von 15.30 bis 17.10 Uhr, im Fernsehen ab 18.20 Uhr).

36 Dies bestimmt sich nach der Zeit, die zur Herstellung des Kurzberichts erforderlich ist.

Hauptachse bedeuten gleichzeitige Coverage durch beide, links oberhalb davon sind die Kurzberichte *vor* den Haupt-Sendungen, rechts unterhalb sind die Kurzberichte *nach* den Haupt-Sendungen. Die Inhalte der primär relevanten Felder sind dann in sechs unterschiedliche Fälle A bis F klassifiziert, die in Abb. 4-5 aufgeführt sind.

Abb. 4-5 Fälle der zeitlichen Struktur

	Hauptrechte Nutzung	**Kurzbericht**	**Felder in Abb. 4-4**
Fall A	Live-Übertragung	nachfolgend	Ü0/K1-5
Fall B	zeitversetzte Übertragung	nachfolgend	Ü2/K3-5 Ü4/K5
Fall C	zeitversetzte Übertragung	gleichzeitig oder vorher	Ü2/K1-2 Ü4/K1-4
Fall D	zeitversetzter Bericht	nachfolgend	B2/K3-5 B4/K5
Fall E	zeitversetzter Bericht	gleichzeitig oder vorher	B2/K1-2 B4/K1-4
Sonder-Fall F	Live-Ü. plus spät. Bericht	zwischen live und Bericht	Ü0+B4/K1-3

4.4 *Effekte von Kurzberichten für die Hauptcoverage*

4.4.1 *Elemente der Wirkung von Kurzberichten auf die Hauptcoverage*

Bevor wir auf die Wirkung von Kurzberichten unter bestimmten Programmstrukturen eingehen, sind einige Elemente des in Rede stehenden Kausalnexus zu betrachten. Es wird anhand der Abb. 4-6 auf der Mikroebene der Konsumentscheidung ein einzelner Zuschauer betrachtet, der sich grundsätzlich für die Fernseh-Coverage des Sportereignisses S_j interessiert, also ein potentieller Seher der entsprechenden Sendungen ist. Die Matrix zeigt die vier Möglichkeiten, daß ein interessierter Zuschauer die betreffenden Sendungen über S_j gesehen bzw. nicht gesehen hat.[37]

Abb. 4-6 Vierfelder-Matrix der gesehenen Ereignis-Coverage

		Kurzbericht gesehen	Kurzbericht nicht gesehen
Hauptsendung	gesehen	1 RE ?	2
Hauptsendung	nicht gesehen	3 EQE ?	4

Diese Frage, ob ein interessierter Zuschauer den betreffenden Kurzbericht sieht, ist nicht trivial, da Kurzberichte in der Regel nicht eigens angekündigt werden, sondern im Rahmen allgemeiner Nachrichten-Sendungen oder im Nachrichtenteil aktueller Sportsendungen gesendet werden. Ob dies bezüglich eines bestimmten Ereignisses der Fall ist, wird er in der Regel nicht vorher wissen. Prognostizierbar ist dies nur für Topveranstaltungen und solche Serien-Ereignisse (z.B. Liga-Spiele), über die regelmäßig in bestimmten Sendungen berichtet wird. 90-Sekunden-Berichte sind außerdem zu kurz, als daß Zuschauer ihre Zeitdispositionen danach ausrichten würden. Viele Interessierte werden also den entsprechenden Kurzbericht gar nicht sehen.
Sport-Übertragungen werden dagegen extra angekündigt und sind in der Regel so lang, daß sie vom Zuschauer spezifische Konsumentscheidungen bzw. Zeitdispositionen fordern. Sie unterscheiden sich von vielen anderen Programmsparten dadurch, daß sie das Publikum relativ stark in Interessierte und Ablehnende polarisieren. Dies gilt sogar zwischen einzelnen Sportarten.[38] Die sonst nicht unbeträchtliche Gruppe der mäßig interessierten Enpassant-Seher ist

37 Zum Beispiel bedeutet Feld 2, daß der Zuschauer zwar die Hauptsendung, aber nicht den Kurzbericht vom Ereignis S_j gesehen hat.

38 Zum Beispiel für Sportarten mit stark geschlechtsspezifischen Unterschieden beim Konsuminteresse wie Motorsport, Boxen, Eiskunstlaufen.

hier vergleichsweise gering.[39] Lang-Übertragungen haben also in der Regel ein stark nach spezifischen Präferenzen selektiertes Publikum.
Demgegenüber erreichen Kurzberichte ein wesentlich »breiteres« Publikum in dem Sinne, daß nicht nur generell oder speziell[40] Sport-Interessierte diese sehen, sondern auch viele Zufalls-Seher. Längere Berichte nehmen diesbezüglich eine Mittelposition ein. Eine Selektion nach allgemeinem Sport-Interesse bzw. nach einzelnen Sportarten hängt jedoch stark von den jeweiligen Sendeplätzen ab.
Negative Einschaltquoten-Effekte durch Kurzberichte auf die Haupt-Coverage können überhaupt nur in Feld 3 der Abb. 4-6 relevant sein. In Feld 4 hat der Zuschauer den Kurzbericht gar nicht gesehen, so daß dieser auch keinen negativen Effekt gehabt haben kann. In den Feldern 1 und 2 sieht der betreffende Zuschauer tatsächlich die Hauptsendung, kann also nicht durch einen Kurzbericht davon abgehalten worden sein.
In Feld 1 sieht der Zuschauer also sowohl die Haupt-Coverage als auch den Kurzbericht. Sogar für längere Berichterstattungen läßt sich feststellen, daß nicht wenige Zuschauer mehrere TV-Ausstrahlungen bezüglich desselben Ereignisses nacheinander konsumieren.[41] Eine Sonderauswertung von vier Sportereignissen aus März/April 1989 (3 Fußballspiele, einmal Daviscup) durch die GfK-Fernsehforschung ergab, daß ca. die Hälfte des Publikums bereits die frühere Coverage gesehen hatte.[42]
Die inhaltliche Problemstellung konzentriert sich also auf Feld 3, wobei sich jetzt die Frage der Kausalität stellt. Hat der Zuschauer *deshalb* die Hauptsendung nicht gesehen, *weil* er den Kurzbericht gesehen hat? Bezüglich dieser Kausalität können wir drei mögliche Effekte unterscheiden, und zwar die bereits früher genannten Voraufführungs- und Parallel-Effekte sowie den Antizipations-Effekt.
Der Voraufführungs-Effekt hat dabei die größte Bedeutung. Er setzt voraus, daß der Kurzbericht *vor* der Hauptsendung ausgestrahlt wird. Er beinhaltet,

39 Ausnahmen sind »Ereignisse von nationalem Interesse« (z.B. wichtige Fußball-Länderspiele und Tennis-Endspiele mit deutscher Beteiligung).
40 Generell am TV-Sport oder speziell an bestimmten Sportarten oder Sportereignissen Interessierte.
41 Vgl. BUSS, Michael (1983), Die Vielseher, Diss. Stuttgart-Hohenheim, S. 191 ff.
42 Als Fazit formuliert Michael Buß, Medienforscher des Süddeutschen Rundfunks: »Fast die Hälfte der Erwachsenen mit RTLplus-Empfang, die ausführliche Spielberichte bei RLTplus-Anpfiff verfolgen, haben bereits den Spiel-Kurzbericht bei der ARD-Sportschau gesehen. ... umgekehrt hatte über die Hälfte der ARD-Sportschau-Zuschauer mit SAT.1-Empfang bereits die Davis-Cup-Übertragung am Nachmittag bei SAT.1 verfolgt. Die Überschneidungen sind also beträchtlich.«

daß *wegen* des gesehenen Kurzberichts solche Zuschauer auf die Lang-Coverage verzichten, die diese andernfalls gesehen hätten.
Betrachten wir dazu wieder die Unterscheidung in Informations- und Unterhaltungs-Bedürfnisse anhand der Abb. 4-2.[43] Diese zeigt, daß Kurzberichte nur in sehr geringem Umfang Unterhaltungs-Bedürfnisse befriedigen. Bei Sportereignissen mit starker Relevanz an Unterhaltungskonsum ist es nicht wahrscheinlich, daß wesentliche Zuschaueranteile deshalb auf den Lang-Konsum verzichten. Dabei ist zu berücksichtigen, daß die Grundgesamtheit nur aus solchen Zuschauern besteht, die soviel Interesse an der Sportart bzw. dem Sportereignis haben, daß sie sonst die Sendung im Programm des Hauptrechteinhaber gesehen hätten.
Etwas anders ist es bezüglich des Informations-Interesses. Kurzberichte können schon erhebliche Informations-Bedürfnisse des Publikums befriedigen. Insbesondere bei Sportarten bzw. Sportereignissen, bei denen sich das Interesse auf relativ wenige Höhepunkte konzentriert, sind bereits Kurzberichte in der Lage, das Konsum-Interesse vieler Zuschauer zu befriedigen, so daß der Voraufführungs-Effekt hier eine merkliche Einschaltquoten-Minderung bewirken kann.
Hinzu kommen inhaltliche Aspekte. Eine Information durch den Kurzbericht, daß es sich um ein langweiliges Spiel gehandelt oder die Heimmannschaft verloren hat, wird das Interesse an späterem Lang-Konsum deutlich vermindern. Bei derartigen Effekten ist allerdings zu berücksichtigen, daß prinzipiell schon die einfache Nachricht (im Hörfunk oder Fernsehen verlesene Meldung) über Ergebnis und Verlauf des Sportereignisses derartige Einschaltquoten-Minderungen erzeugen kann. Bei Veranstaltungen, die in der vorausgegangenen Nacht stattfanden, gilt dies eventuell auch für entsprechende Zeitungsberichte. Dem Kurzbericht wäre dann also nur ein eventuell verbleibender Saldo zuzurechnen, der auf die bewegten Fernsehbilder zurückgeführt werden kann.
Ein Parallel-Effekt könnte entstehen, wenn Kurzbericht und Hauptcoverage zur gleichen Zeit gesendet werden. Für den Zuschauer bedeutet dies eine Entscheidung zwischen verschiedenen Sendelängen, je nachdem, wie groß sein Interesse ist, auf das betreffende Sportereignis seine Zeit zu verwenden. Generell können wir davon ausgehen, daß beide aufgrund ihrer ganz unterschiedlichen Konsum-Eigenschaften für die meisten Zuschauer keine Substitute darstellen und der Kurzbericht insofern wenig Wirkung auf die Hauptcoverage hat. Für einige Zuschauer mag dies jedoch der Fall sein, so daß kleinere Einschaltquoten-Effekte nicht grundsätzlich ausgeschlossen werden können.

43 Siehe Abschnitt 4.3.1.

Eine gewisse Modifikation entsteht durch den Einsatz privater Videorecorder. Es wird meistens davon ausgegangen, daß eine gleichzeitige Ausstrahlung zweier Sendungen (in verschiedenen Programmen) dazu führt, daß ein Zuschauer sich für eine von beiden entscheiden muß. Die Möglichkeit für private Video-Aufzeichnungen läßt prinzipiell den Konsum beider Sendungen zu, wenngleich dies quantitativ nicht sehr bedeutsam sein dürfte. Die private Video-Verfügbarkeit mindert ganz allgemein das Termin-Problem beim TV-Konsum. Eine Sendung nachts oder tagsüber kann für den späteren Konsum zu geeigneter Zeit aufgezeichnet werden, so daß die Sendezeit als Aktionsparameter der Programmveranstalter graduell an Bedeutung verliert.
Drittens kann in einzelnen Fällen ein »Antizipations-Effekt« relevant sein. Dies würde bedeuten, daß ein Zuschauer die betreffende Sportsendung *deshalb* nicht sieht, weil das betreffende Ereignis *später* in einem Kurzbericht zusammengefaßt wird. Dies ist eventuell plausibel für Zuschauer, die eine starke Präferenz für kurze Coverage haben, das heißt, es kann insbesondere bei sehr langer Hauptcoverage relevant sein. Es besteht jedoch grundsätzlich das Prognose- und das Aktualitäts-Problem für den Zuschauer, d.h. er wird häufig nicht wissen, ob später ein entsprechender Kurzbericht gesendet werden wird, und er müßte den Aktualitätsnachteil in Kauf nehmen. Antizipations-Effekte werden deshalb insgesamt nur eine geringe quantitative Bedeutung haben.
Ein kausaler Zusammenhang zwischen Kurzberichten und Hauptcoverage könnte jedoch auch in der entgegengesetzten Wirkung bestehen, das heißt in Form eines Reklame-Effektes. Dies ist durch RE in Feld 1 der Abb. 4-6 angedeutet. Als Reklame-Effekt eines Kurzberichtes wird die Tatsache bezeichnet, daß dieser das Interesse an ausführlicherem TV-Konsum erhöht, er also quasi wie ein Werbespot wirkt.
Ein direkter Reklame-Effekt einer Kurzberichterstattung entfällt zwar für eine Live-Übertragung von einem singulären Ereignis wegen der zeitlichen Aufeinanderfolge. Er könnte jedoch für zeitversetzte Übertragungen gelten. Außerdem sind viele Einzelveranstaltungen in eine solche zeitliche Folge eingebettet, daß das nächste Ereignis der gleichen Art alsbald folgt. Dies gilt z.B. für den nächsten Spieltag eines Turniers bzw. einer Meisterschaft, sowie für wöchentliche Liga-Spiele. Kurzberichte mit ihrem breiteren Publikum können Zuschauer auf das Ereignis selbst oder darauf aufmerksam machen, daß das eigene Team bzw. der heimische Sportler gerade erfolgreich ist. Die Hauptrechte für dieses nachfolgende Sportereignis wird in aller Regel das gleiche TV-Unternehmen erworben haben wie das voraufgegangene, das Gegenstand des Kurzberichtes ist. Außerdem können einzelne Zuschauer durch Kurzberichte für eine bestimmte Sportart interessiert werden, was generell die späteren Einschaltquoten für diese Sportart steigert.

Für einige Zuschauer mit Videogeräten ist beobachtet worden, daß sie ein Sportereignis, das für sie zu ungünstiger Zeit gesendet wird, für späteren Konsum aufzeichnen, ohne daß dieser dann tatsächlich erfolgt. Diese Entscheidung kann wiederum von Kurzberichten beeinflußt werden. Wenn der Kurzbericht die Qualität bzw. die Attraktivität des Sportereignisses (oder den Sieg der eigenen Sportler) zeigt, wird der aufgezeichnete »Live-Konsum« eventuell nachgeholt.

4.4.2 *Wirkungen auf die Hauptcoverage durch nachfolgende Kurzberichte*

In diesem Abschnitt werden die Wirkungen auf die Einschaltquoten der Hauptcoverage durch nachfolgende Kurzberichte von dem betreffenden Ereignis untersucht. Dies umfaßt also die Fälle A, B und D der Abb. 4-5, bzw. alle Felder rechts unterhalb der Hauptdiagonale in Abb. 4-4.
Die markanteste und wichtigste Form der Nutzung von Sportrechten ist die Live-Übertragung, insbesondere bei den bedeutendsten und attraktivsten Sportveranstaltungen.[44] Live-Übertragungen solcher Ereignisse sind vor allem für werbefinanzierte Programme die redaktionell und finanziell bei weitem wichtigste Sport-Software. Da Kurzberichte (mit der genannten Einschränkung) nachträglich zu den entsprechenden Live-Übertragungen gesendet werden (Fall A), kommen also keine Parallel- oder Voraufführungs-Effekte in Betracht, sondern nur Antizipations- und gegebenenfalls Reklame-Effekte.
Ein Antizipations-Effekt würde bedeuten, daß Zuschauer *wegen späterer* Kurzberichte die Live-Übertragung nicht sehen und dadurch die Einschaltquoten negativ beeinflußt werden. Live-Übertragungen haben den Vorteil der Aktualität gegenüber einem späteren Kurzbericht, das heißt die Information über Wettkampfverlauf und -ergebnis ist dort früher erhältlich.[45] Außerdem vermitteln Live-Übertragungen ein wesentlich direkteres und umfassenderes Konsumerlebnis für die Zuschauer. Sie erzeugen nicht nur einen Informations-, sondern auch einen Unterhaltungswert für die Interessierten.
Eine Live-Übertragung erfordert vom Zuschauer in der Regel die Bereitschaft, relativ viel Zeit aufzuwenden und entsprechend zu disponieren. Zuschauer, die im konkreten Fall dazu bereit und in der Lage sind, werden nicht stattdessen

44 Für die Bundesrepublik ist gegenwärtig der Bundesliga-Fußball die einzige wesentliche Ausnahme.
45 Dies hängt vom zeitlichen Abstand ab, das heißt der Aktualitätsvorteil ist bei Ü0/K1 kleiner als z.B. bei Ü0/K3 (vgl. Abb. 4-4).

mit einem späteren Kurzbericht zufrieden sein.[46] Hinzu kommt das genannte Prognose-Problem, ob, wann und in welcher Länge später ein Kurzbericht gesendet wird. Ein Antizipations-Effekt dürfte für Live-Übertragungen quantitativ gering sein, so daß ein negativer Einschaltquoten-Effekt allenfalls marginal wäre.
Ein Reklame-Effekt von Kurzberichten könnte indes einige Bedeutung haben für Serien-Ereignisse (zum Beispiel innerhalb einer mehrtägigen Sportveranstaltung), bei der die nächste Live-Übertragung tags darauf folgt. Einige Interessierte werden erst durch einen Kurzbericht auf die Veranstaltung aufmerksam gemacht bzw. erfahren, daß eigene Sportler erfolgreich sind, so daß sie sich den Fernsehkonsum für den nächsten Tag vornehmen.
Bei Live-Übertragungen können wir davon ausgehen, daß der Reklame-Effekt von Kurzberichten einen eventuellen Antizipations-Effekt quantitativ überwiegt.
Fall B: Das für Live-Übertragungen Gesagte gilt im wesentlichen auch für Fall B (zeitversetzte Übertragung mit nachfolgendem Kurzbericht, Ü2/K3-5), dessen Relevanz auf spezielle Fälle beschränkt sein wird, z.B. für wichtige Sportereignisse mit vertraglichen oder programmlichen Restriktionen bzw. ungünstiger Originalzeit. Zeitversetzte Übertragungen haben bereits einen Aktualitäts-Nachteil. Rein ergebnisorientierter Konsum solcher Sendungen wird in der Regel nicht stattfinden, da ein solches Interesse bereits durch Hörfunk- oder TV-Nachrichten befriedigt werden kann. Die für diese Coverage in Frage kommenden Konsumenten werden deshalb ein intensives Verlaufs- bzw. Unterhaltungs-Interesse haben. Für sie stellt ein noch späterer Kurzbericht keine Alternative dar.
Fall D: Ein häufigerer Fall der Nutzung von Hauptrechten, wenn Live-Übertragungen nicht möglich oder nicht vorteilhaft sind, ist derjenige durch zeitversetzte, zusammenfassende Berichte, die eine unterschiedliche Länge aufweisen können. Wenn ein derartiger Bericht im Haupt-Programm kurz ist, bietet er dem Zuschauer einen ähnlichen Nutzen wie ein Kurzbericht, so daß zwischen beiden grundsätzlich Substitutionswirkungen angenommen werden können. Allerdings handelt es sich hier im Fall D um nachfolgende Kurzberichte (B2/K3-5), das heißt, die Haupt-Berichte haben höhere Aktualität. Warum sollte

46 Nicht ausschließen läßt sich folgender Fall: Ein Zuschauer, dem eigentlich die Live-Übertragung zu lang oder ungünstig plaziert ist, sieht diese mangels Alternative dennoch. Er würde vielleicht darauf verzichten, wenn er weiß, daß später ein Kurzbericht folgt. Dies kommt grundsätzlich in Frage für zusammenfassungsgeeignete Veranstaltungen, die im Original viele Längen aufweisen.

ein Zuschauer auf Kurzberichte warten, wenn er schon den Bericht im Programm des Hauptrechteinhabers sehen könnte? Bei längeren Zusammenfassungen wird die Substitutionselastizität kleiner. Ein Antizipations-Effekt auf die Einschaltquoten von zeitversetzten Berichten ist praktisch irrelevant.

4.4.3 *Wirkungen auf die Hauptcoverage durch gleichzeitige oder vorherige Kurzberichte*

Der Fall C umfaßt die Ausstrahlung eines Kurzberichts vor einer zeitversetzten Übertragung des Hauptrechteinhabers oder zeitlich parallel dazu. Wie schon zu Fall B ausgeführt, sind zeitversetzte Übertragungen vor allem bei Top-Sportereignissen mit bestehenden Nutzungsrestriktionen und bei dominierendem Unterhaltungs-Konsum relevant. Weniger bedeutsame und gut zusammenfassungsgeeignete Sportereignisse würden unter diesen Bedingungen als kürzere oder längere Berichte gesendet werden.
Bei gleichzeitiger Ausstrahlung der Übertragung und des Kurzberichts (B2/K2) stehen dem einzelnen Zuschauer unterschiedliche Konsumlängen des gleichen Sportereignisses zur Wahl, d.h. er kann seinen Präferenzen entsprechend auswählen. Von diesem Parallel-Effekt können Einschaltquoten-Minderungen auf die Hauptcoverage ausgehen, und zwar durch Zuschauer, die eine kurze Berichterstattung präferieren, aber eine Übertragung sehen würden, wenn keine Zusammenfassung angeboten wird. Dies gilt insbesondere für kurzberichtsgeeignete Sportarten sowie bei Zuschauern mit nur mäßiger Bedürfnisintensität, die jedoch nicht das typische Publikum des Falles C sind. Ein reines Informations-Interesse wird allerdings bereits durch allgemeine Nachrichten-Sendungen befriedigt worden sein. Ein Reklame-Effekt kann das Umschalten auf das Haupt-Programm bewirken, insbesondere wenn der Kurzbericht die Attraktivität des Ereignisses zeigt.
Bei vorheriger Kurzberichts-Ausstrahlung kann man konkret erwarten, daß Voraufführungs-Effekte eintreten. Der Kurzbericht ist in diesem Falle aktueller als die Hauptcoverage. Eine Reihe von Zuschauern, die potentielle Konsumenten der Übertragung wären und den Kurzbericht bereits gesehen haben, werden eventuell das Interesse an einer längeren Übertragung verlieren. Dies gilt insbesondere für nur mäßig Interessierte und dann, wenn der Kurzbericht zeigt, daß das Ereignis weniger attraktiv war.
Insgesamt kann man erwarten, daß bei vorherigen Kurzberichten unter bestimmten Bedingungen merkliche Einschaltquoten-Minderungen für die zeitversetzten Übertragungen des Hauptrechte-Programms eintreten. In anderen

Fällen können jedoch auch Reklame-Effekte quantitativ überwiegen.[47] Hier müßten die jeweiligen Ereignisse und Bedingungen einzeln betrachtet werden.

Fall E: In einigen Fällen erfolgt die Nutzung der Hauptrechte in Form zeitversetzter Berichte. Dies kann in eigenen Programm-Überlegungen des Fernsehveranstalters begründet sein oder in vertraglichen Restriktionen durch den Sportveranstalter. Ersteres umfaßt im wesentlichen Sportereignisse, die keine Spitzen-Attraktivität aufweisen und insofern nicht die Sendezeit-Widmung für längere Übertragungen rechtfertigen. Die zweite Möglichkeit kann jedoch auch hochattraktive und einschaltquotenstarke Sportereignisse umfassen, deren Fernsehrechte in der Regel auch teuer sein werden, so daß eventuelle finanzielle Einbußen besonders hoch wären. In diese Kategorie gehören insbesondere die Fußball-Bundesliga-Rechte, bei denen der DFB in den Verträgen einen Mindestabstand von mehr als einer Stunde durchgesetzt hat.

Derartige Berichte haben unterschiedliche Sendelängen. Wenn die Beiträge im Einzelfall relativ kurz sind, stehen dazu die *gleichzeitigen* Kurzberichte in anderen Programmen in einer gewissen Konkurrenz und lassen Einschaltquoten-Effekte auf die Hauptrechte erwarten. Je länger die Berichte sind, desto stärker teilt sich das Auditorium nach Präferenzen. In aller Regel werden Kurzberichte von 1:30 Minuten jedoch zu kurz sein, um eine Konkurrenz für eine normale Berichterstattung darstellen zu können.

Wenn ein Kurzbericht vor der Ausstrahlung im Programm des Hauptrechteinhabers erfolgt, kann man grundsätzlich davon ausgehen, daß ein negativer Einschaltquoten-Effekt eintritt. In welchem quantitativen Umfang dies der Fall sein wird, hängt von der jeweiligen Sportart bzw. ihrer Eignung für kurze Zusammenfassungen ab. Empirische Befunde zeigen jedoch, daß ein erheblicher Teil der Zuschauer in solchen Fällen beide Sendungen konsumiert.[48]

Ein Kurzbericht wird nur die ersten Informationsbedürfnisse befriedigen können, jedoch keine darüberhinausgehenden Unterhaltungsinteressen. Doch schon diese Wirkung wird bei vielen Ereignissen nennenswert sein, insbesondere, wenn die Bewertung der sportlichen Qualität kritisch ausfällt. Bei zusammenfassungsgeeigneten Sportereignissen wird also eine merkliche Einschaltquoten-Minderung eintreten, wenn vorher Kurzberichte ausgestrahlt werden. Ein Teil dieses Einschaltquoten-Effektes kann jedoch schon durch filmlose Nachrichten über Verlauf, Ergebnis und Qualität des Ereignisses eintreten, so

47 Dies wird im konkreten Fall auch davon abhängen, ob im Kurzbericht auf die Übertragung hingewiesen wird.

48 Vgl. die oben genannte GfK-Sonderauswertung und BUSS, Michael (1983), Die Vielseher, Diss. Stuttgart-Hohenheim.

daß dem Kurzbericht nur der Saldo zwischen beiden Effekten zuzurechnen wäre.
Der Fall F umfaßt besondere Konstellationen der Coverage von Ereignissen, die zu Zeiten stattfinden, die für den Fernsehkonsum der meisten Zuschauer ungünstig sind und deshalb erstens live und zweitens in Berichten (oder Übertragungen) zu besserer Sendezeit gezeigt werden. In diesem Fall wäre die spätere Wiederholung durch die Möglichkeit vorheriger Kurzberichte tangiert. Grundsätzlich gilt für Letzteres das Gleiche wie für die Fälle C und E. Der Aktualitätsverlust des späteren Berichts ist hier jedoch weit höher. Wegen des größeren Zeitabstandes ist es wahrscheinlicher, daß davor ein Kurzbericht gesendet wird. Hier hängt der Voraufführungs-Effekt von den konkreten Sendezeiten und Programmkonstellationen ab. Viele Informationsinteressen werden im übrigen schon durch einfache Nachrichten befriedigt worden sein. Der größere Teil der unter Fall F zu subsumierenden Konstellationen dürfte allerdings interkontinentale Sportereignisse betreffen und insofern für unser Thema zweitrangig sein.

4.4.4 *Kumulation von Kurzberichten*

Bisher sind wir von einfachen Kurzberichten ausgegangen, das heißt von einer maximal eineinhalb-minütigen Zusammenfassung von einem einzelnen Sportereignis. Die allenfalls geringen Einschaltquoten-Minderungen durch Kurzberichte in speziellen Fällen beruhten im wesentlichen auf ihrem minimalen Zeitumfang sowie auf der damit zusammenhängenden Tatsache, daß solche Kurzberichte innerhalb von Nachrichten- und Sportmagazin-Sendungen ausgestrahlt werden und dort keinen erheblichen Eigenwert haben. Kurzberichte von bestimmten Sportereignissen sind für die Zuschauer in der Regel nicht prognostizierbar. Sie sind vor allem zu kurz, als daß die Zuschauer ihre Zeitdispositionen darauf einstellen würden. Dies könnte jedoch anders sein, wenn wir Kumulationen von Kurzberichten betrachten.
Unter kumulativen Kurzberichten[49] verstehen wir die zeitliche Aneinanderreihung verschiedener Kurzberichte über einzelne Sportereignisse, so daß insgesamt eine längere Sportsendung entsteht. Die Addition von Kurzberichten über vergleichbare Ereignisse einer Sportart – insbesondere vom selben Sport-

49 Es ist fraglich, inwieweit eine Kumulation überhaupt von der Regelung des Staatsvertrages erfaßt wäre. Artikel 10 b, letzter Satz, lautet: *»Werden Kurzberichte über Veranstaltungen vergleichbarer Art zusammengefaßt, muß auch in dieser Zusammenfassung der nachrichtenmäßige Charakter gewahrt bleiben.«* Es wird hier kurz erörtert, um das Problem aufzuzeigen.

veranstalter und mit demselben TV-Hauptrechteinhaber - wird als homogene Kumulation bezeichnet. Dementsprechend ist eine heterogene Kumulation die Reihung von verschieden*artigen* Kurzberichten, insbesondere solche aus verschiedenen Sportarten. Diese werden hier mangels Relevanz nicht betrachtet.
Eine extensive, homogene Kumulation von Kurzberichten könnte eventuell für den betreffenden Tag einen Sättigungs-Effekt bezüglich einer Sportart erzeugen. Dieser Effekt ist dementsprechend auf solche Fälle beschränkt, bei denen die Haupt-Nutzung durch zeitversetzte Berichte erfolgt und die Kurzberichte vorher gesendet werden. Das wichtigste Beispiel hierfür sind die Fußball-Bundesliga-Spiele am Samstag.[50] Dies gilt außerdem nur bei Sportarten, bei denen das Interesse auf die Höhepunkte konzentriert und der Unterhaltungsaspekt eher gering ist. Hier wären Einschaltquoten-Minderungen zu erwarten.
Eine kumulative Kurzbericht-Sendung stellt von Länge und Inhalt her eine Alternative zu anderen Sportsendungen mit längerer Coverage einzelner Sportereignisse dar. Im Vergleich zwischen einem 12-Minuten-Bericht von *einem* Bundesliga-Spiel und (insgesamt gleichlangen) kumulierten Kurzberichten von allen Spielen des betreffenden Spieltages weisen Letztere den größeren Informationsgehalt und im allgemeinen eine höhere Attraktivität für die Zuschauer auf. Ein erheblicher Teil der Sport-Interessierten (ohne Videorecorder) wird in dieser Situation die kumulierten Kurzberichte wählen, sofern das Spiel nicht von überragender Attraktivität ist. Bei nicht simultaner Ausstrahlung kann man davon ausgehen, daß die Fußball-Interessierten beide Sendeformen nacheinander sehen werden.
Die Kumulation von Kurzberichten schafft möglicherweise erst einen Antizipations-Effekt durch bessere Prognostizierbarkeit. Wenn ein Programm an sportrelevanten Tagen regelmäßig kumulierte Kurzberichte bringt, könnte dies in gewissem Umfang die Einschaltquoten früher gesendeter Hauptcoverage vermindern, da jeder weiß, daß dort das Wichtigste von allen Sportereignissen zusammengefaßt wird, was insbesondere für nur moderat Interessierte attraktiver sein wird.
Allerdings sind die genannten Möglichkeiten von eher theoretischem Interesse und ohne große praktische Bedeutung. Erstens gibt es nur wenig Gelegenheiten, größere homogene Kumulationen zu bilden, die eine hohe Zuschauer-Attraktivität aufweisen. Bei Fällen gleichartiger Ereignisse, die von der Zahl her dies ermöglichen würden, sind in der Regel nur wenige von besonderem Zuschauer-Interesse. Zweitens wären die Minutenkosten für eigenproduzierte

50 Angenommen, ARD und RTL blieben bei 18.20 Uhr als Beginn ihrer Berichte und andere Fernsehveranstalter bringen ab 17.30 Uhr kumulierte Kurzberichte von den Bundesliga-Spiele. Dann dürften die Einschaltquoten von ARD und RTL merklich absinken.

Sendungen mit kumulierten Kurzberichten exorbitant hoch und in aller Regel redaktionell nicht gerechtfertigt,[51] und drittens steht einer extensiven Kumulierung die Vorschrift des Artikels 10 b entgegen, nach der auch hier der nachrichtenmäßige Charakter gewahrt bleiben muß.

4.5 *Fazit*

Die Untersuchung des Zusammenhangs zwischen Sport-Kurzberichten im Fernsehen und den Einschaltquoten der Programme der Hauptrechteinhaber wurde dadurch erleichtert und im Ergebnis eindeutiger, daß der Staatsvertrag für Kurzberichte im Regelfall eine Länge von maximal nur 1:30 Minuten vorsieht. Die frühere Vorstellung einer Länge von bis zu 3 Minuten hätte (insbesondere bei zusammenfassungsgeeigneten Sportarten und Kumulations-Möglichkeit) eine wesentlich stärkere Differenzierung der Ergebnisse erfordert. So kann man sagen: Mit Ausnahme ganz bestimmter Kombinationen von Faktoren, die nur in wenigen Fällen gegeben sind, sind keine negativen Zusammenhänge zwischen Kurzberichten und den Einschaltquoten der Hauptcoverage zu erwarten.
Live-Übertragungen sind die finanziell und redaktionell bedeutsamsten Nutzungsformen von TV-Hauptrechten, insbesondere für werbefinanzierte, private Programmveranstalter. Da Kurzberichte diesen gegenüber nachträglich gesendet werden und somit geringere Aktualität haben, sind keine negativen Einschaltquoten-Effekte auf die Übertragung zu erwarten. Bei Liga- und Serien-Ereignissen (bzw. längerfristig für Typen von Sportveranstaltungen und ganze Sportarten) werden im Gegenteil die Reklame-Effekte von Kurzberichten überwiegen, da sie die Zuschauer auf attraktive Sportsendungen aufmerksam machen.
Bei Nutzung der Hauptrechte durch zeitversetzte Übertragungen oder Berichte sind nennenswerte Einschaltquoten-Minderungen ebenfalls in den meisten Fällen nicht zu erwarten. Derartige Effekte wären jedoch dann möglich, wenn folgende drei Faktoren gleichzeitig gegeben sind, 1. wenn die Kurzberichte zeitlich *vor* der Haupt-Coverage erfolgen, somit höhere Aktualität haben und bereits zahlreiche Informationen liefern,[52] wenn es sich 2. um eine zusammen-

51 Vgl. zu den Problemen und Kalkülen der Signalbeschaffung, Eigenproduktion etc. Kap. 6.
52 Dies gilt insbesondere dann, wenn das Sportereignis von minderer Qualität war, die vom Zuschauer bevorzugte Mannschaft (oder Sportler) verloren hat etc.

fassungsgeeignete Sportart handelt, d.h. das Interesse sich auf wenige Höhepunkte konzentriert und wesentliche Konsuminteressen bereits befriedigt werden können[53] und 3. wenn es sich um Top-Ereignisse handelt oder wenn Kurzberichte von mehreren ähnlichen Ereignissen in kumulativer Form hintereinander gesendet werden, vor allem, wenn dies regelmäßig erfolgt. Der einzige gegenwärtig für die Bundesrepublik relevante Fall, bei dem ein Zusammentreffen dieser Faktoren möglich ist, ist die Fußball-Bundesliga-Berichterstattung. Dagegen sind Nachrichtenfilme im Umfang von 1:30 Minuten bei unterhaltungsorientierten Sportarten zu kurz, um die Zuschauer-Interessen zu befriedigen. Hier werden die Kurzberichte in vielen Fällen Reklame-Effekte erzeugen und damit die Einschaltquoten der Hauptcoverage eher erhöhen. Das Gleiche gilt, wenn die Kurzberichte inhaltlich die Attraktivität der betreffenden Sportereignisse zeigen. Eine Kumulation setzt voraus, daß mehrere Sportereignisse der gleichen Art parallel (bzw. in engem zeitlichen Kontext) stattfinden, was mit Ausnahme von Liga-Spieltagen und Turnieren nur selten der Fall ist. Außerdem sind meistens nur wenige dieser Parallelereignisse für die Zuschauer attraktiv. Einfache Kurzberichte sind wiederum zu kurz, um Zuschauer vom Haupt-Konsum abzuhalten, wenn dies nicht bereits durch die bloße Nachricht über Verlauf und Ereignis erfolgen würde.
Die Ausführungen haben insgesamt zu dem Ergebnis geführt, daß ein negativer Zusammenhang zwischen Kurzberichten und den Einschaltquoten der Programme der Hauptrechteinhaber für die große Mehrzahl aller Sportereignisse bzw. Sportsendungen nicht zu erwarten ist. Aber auch bei den verbleibenden Einzelfällen dürfte der Effekt wegen des geringen Umfangs von Kurzberichten quantitativ nur klein sein.

53 Dies ist insbesondere dann beachtlich, wenn die Hauptcoverage ebenfalls durch relativ kurze, zusammenfassende Berichte erfolgt.

Kapitel 5:

Auswirkungen auf die Sponsorwerbe-Einnahmen der Sportveranstalter

5.1 *Sportwerbung und Sponsoring*

Eine wesentliche Bedeutung für das Budget bzw. die Rentabilitätsrechnungen von Sportveranstaltern haben Einnahmen, die im weiteren Sinne mit erwarteten Werbeeffekten für die zahlenden Unternehmen zusammenhängen, was im folgenden pauschal als Sponsorwerbung bezeichnet wird. Dafür spielt das Fernsehen eine ganz entscheidende Rolle.
In diesen Kontext gehören erstens Erlöse aus klassischen Werbeformen wie Bandenwerbung, Reiterwerbung, Anzeigen in Stadion- oder Vereinszeitungen, Werbung auf Anzeigetafeln und Eintrittskarten, etc. Zweitens haben sich insbesondere im Laufe der 70er und 80er Jahre eine Reihe von weiteren Werbeformen heausgebildet, wie zum Beispiel Werbung auf den Trikots oder Startnummern der Sportler, auf den Sportgeräten oder anderen Teilen der Sportanlagen, die Benennung einer Sportveranstaltung nach der Firma oder einem Markenartikel (Titel-Sponsoring), das Recht zur Verwendung der Bezeichnung »Offizieller« Lieferant, Ausrüster, Sponsor etc. der xy-Meisterschaft oder von diesbezüglichen Namen, Emblemen, Charakteren etc. auf Produkten oder in sonstiger Werbung, das Recht, auf dem Veranstaltungsgelände eigene Produkte zu präsentieren und zu verkaufen, das Recht, mit Sportlern oder Teams in anderer Weise zu werben, Interview- oder Autogrammstunden durchzuführen etc.[1]
Derartige Werbeformen lassen sich in der Praxis kaum von den erstgenannten unterscheiden, zumal beide häufig in Paketen von Werbeleistungen vertraglich vereinbart werden. Es hat sich dazu allgemein der Begriff Sponsorwerbung bzw. Sponsoring eingebürgert.
Wir werden die Begriffe Sponsorwerbung, Sponsoring, Sportwerbung etc. im folgenden synonym verwenden, da für unser Thema eine Unterscheidung nicht erforderlich ist. Unberücksichtigt bleibt daher insbesondere auch die Defini-

1 In gewisser Weise kann man auch sog. VIP-Zelte, Firmen-Logen etc. hierzuzählen (weil die Unternehmen dies werblich einsetzen), obwohl es von der Erscheinungsform her eher als Eintrittskarten-Erlös zu klassifizieren wäre.

tion der Sponsorsendungen in Art. 3 Abs. 7, 7 Abs. 7 des Rundfunkstaatsvertrages vom 1./3. April 1987. Es wird hier ausschließlich das Sponsoring von Sportveranstaltungen betrachtet, keinesfalls jedoch das Sponsoring von Fernseh-Programmen. Dies ist für das Thema nicht relevant und bleibt außerhalb der Erörterung.
Unter einem Sponsor ist allgemein ein Unternehmen zu verstehen, das einer Veranstaltung, einer Institution oder einzelnen Akteuren geldwerte Zuwendungen gewährt und sich davon einen Werbeerfolg verspricht bzw. bestimmte Werbeleistungen des Gesponserten vertraglich vereinbart.[2] Der Zusammenhang zwischen der Leistung des Sponsors und bestimmten werbedienlichen Leistungen des Empfängers kann vertraglich mehr oder minder eng definiert sein.
Ein Sponsor ist zu unterscheiden von einem Mäzen, der eine Veranstaltung oder einen Akteur uneigennützig um seiner selbst willen finanziell fördert, das heißt ohne eine werbliche Gegenleistung zu erwarten.[3] In einzelnen Fällen mag die Grenze zwischen Mäzen und Sponsor fließend sein. Wir können jedoch davon ausgehen, daß eine finanzielle Leistung immer dann als Sponsoring einzustufen ist, wenn der Name der betreffenden Firma oder ihrer Produkte in irgendeiner Form mit dem Gesponserten öffentlich in Erscheinung tritt.
Je nach dem gesponserten Bereich wird zwischen Sport-, Kultur- und Sozial-Sponsoring unterschieden. Im Rahmen des Kultursponsoring werden Kunstausstellungen, Theater- und Opern-Inszenierungen etc. durchgeführt. Zum Sozial-Sponsoring gehören die Unterstützung sozialer Veranstaltungen und sozialer Einrichtungen etc. Dabei besteht in wirtschaftlicher Interpretation die Intention darin, die gesellschaftlich positiv bewertete »soziale Tat« bzw. die »Kulturförderung« in eine positive Imagewirkung für eine Marke oder eine Firma umzusetzen und damit letztlich eine Umsatzsteigerung zu erzielen.
Dies ist auch die allgemeine Zielrichtung des Sportsponsoring. Neben solchen impliziten Formen des Imagetransfers existieren jedoch auch ganz explizite

2 Vgl. zum Sport-Sponsoring ROTH, Peter, (Hrsg.), Sportwerbung - Grundlagen, Strategien, Fallbeispiele, Landsberg a.L., 1986; BRUHN, Manfred, Sponsoring. Unternehmen als Mäzene und Sponsoren, Frankfurt 1987; DREYER, A., Werbung in und mit Sport, Göttingen 1986; HENZE, Heiner, Sponsorenschaft und Medien, in: ANDERS, G., E. STRÄHL und A. MOOR (Hrsg.), Sport und Wirtschaft, Magglingen 1988, 111-120; HACKFORT, Josef (Hrsg.), Sportmedien & Mediensport, Berlin 1988; DREES, Norbert, Sport-Sponsoring, Diss. 1989; HEINEMANN, Klaus, Sportsponsoring - Ökonomische Chance oder Weg in die Sackgasse, in: HERRMANNS, A. (Hrsg.), Sport- und Kultursponsoring, München 1989, 62-77.

3 Zu Zeiten geringerer Kommerzialisierung der gesponserten Bereiche (Sport, Kultur etc.) bzw. geringerer öffentlicher Akzeptanz der kommerziellen Motive ist es häufig das Bestreben von Zuwendern gewesen, dies als Mäzenatentum zu deklarieren (auch wenn eine Werbewirkung intendiert war).

Formen der Werbung bei und mit einer Sportveranstaltungen oder einzelnen Sportlern. Mussler definiert stellvertretend: *»Unter Sport-Sponsoring verstehen wir Kommunikations-Maßnahmen, bei denen Sport als »Medium« für eine bestimmte Botschaft an ein Zielpublikum dient. Sport-Sponsoring basiert auf dem Prinzip von Leistung und Gegenleistung. Der Sponsor setzt Geld oder Sachzuwendungen ein. Hierfür erwartet er vom bzw. über den Gesponserten einen kommunikativen Nutzen.«*[4]

Gesponsert werden im Sport einzelne Veranstaltungen, Serien von Veranstaltungen, einzelne Mannschaften bzw. deren Vereine, ganze Ligen oder einzelne Sportler. Im Mittelpunkt stehen im folgenden die Sponsorwerbeerlöse von Sportveranstaltungen, da sie unmittelbar im wirtschaftlichen Kalkül der Veranstalter stehen. Darüberhinaus ist Sponsoring von Mannschaften relevant, weil deren Vereine in der Regel als Veranstalter ihrer Heimspiele auftreten. Die Werbeeinnahmen einzelner Sportler (bei Individual- und Mannschafts-Sportarten) haben für das Folgende nur eine geringere Bedeutung. Allerdings sind nicht selten die Teilnahme-Entscheidungen einzelner Sportler an einer Veranstaltung von ihren Sponsorerlös-Interessen beeinflußt.[5] Dennoch können wir uns hier auf die Sponsorwerbe-Einnahmen der Sportveranstalter beschränken.

Die Sponsorwerbung ist in der Bundesrepublik in den 80er Jahren quantitativ stark angestiegen, wie die folgenden Zahlen ausweisen:[6]

1983	50 Mio DM
1985	150 Mio DM
1986	300 Mio DM
1987	550 Mio DM
1988	750 Mio DM

Die Liste der Sport-Sponsoren in der Bundesrepublik zeigt, daß einzelne große und bekannte Unternehmen ganz erhebliche Beträge in diese Werbeform investieren.[7] Sie umfaßt viele tausend Firmen bis hinunter zu örtlichen Einzelhändlern, die sich bei regionalen Vereinen oder Veranstaltungen engagieren. Dies macht deutlich, daß Sport-Sponsoring keineswegs auf Großunternehmen beschränkt ist, sondern in ganzer Breite als wirksames Werbemedium erkannt ist und genutzt wird. Für das Folgende sind allerdings in erster Linie die überregional tätigen Unternehmen relevant.

4 Vgl. MUSSLER, Dieter, in: ANDERS, G., E. STRÄHL und A. MOOR (Hrsg.), Sport und Wirtschaft, Magglingen 1988.

5 Einige Sportler haben Verträge geschlossen, die ihre Sponsorerlöse von dem Umfang abhängig machen, in dem sie im Fernsehen erscheinen.

6 Vgl. KAPPLER, Ekkehard, Ressourcenstruktur der Sportorganisationen, in: ANDERS, G., E. STRÄHL und A. MOOR (Hrsg.), Sport und Wirtschaft, Magglingen 1988, S. 127.

7 Vgl. bezüglich der größten Sportwerbebudgets KAPPLER, Ekkehard (1988), a.a.O., S. 142.

Die Sponsorwerbung verteilt sich sehr unterschiedlich auf die einzelnen Sportarten, wie folgende Aufstellung zeigt:[8]

Motorsport	250 Mio DM
Fußball	80 Mio DM
Tennis	40 Mio DM
Pferdesport	39 Mio DM
Skisport	25 Mio DM
Leichathletik	15 Mio DM
Eissport	15 Mio DM
Golf	5 Mio DM
Handball	5 Mio DM
Volleyball	5 Mio DM

Bei den Vereinen der Fußball-Bundesliga und vielen anderen Sportveranstaltern hat der absolute Umfang der Sportwerbe-Einnahmen und ihr Anteil an den Gesamtetats in den vergangenen Jahren stark zugenommen. Diese Entwicklung ist keineswegs auf die Bundesrepublik beschränkt, sondern zeigt sich auch in vielen anderen Ländern.

Für viele Sportereignisse kann man heute sagen, daß sie unter den gegenwärtigen ökonomischen Bedingungen gar nicht stattfinden könnten, wenn die Sponsorwerbung nicht einen erheblichen Teil der Kosten decken bzw. wesentlich zur Minderung des Risikos beitragen würde.[9]

Seit einer Reihe von Jahren ist das Sport-Sponsoring voll in das Blickfeld der Marketing- und Werbe-Branche gerückt, was sich unter anderem in einem großem Umfang praxisorientierter Publikationen zum Sport-Sponsoring,[10] im Entstehen bzw. Wachstum entsprechender Agenturen und Beratungsfirmen ausdrückt. Eine Reihe von Firmen betreiben das Sponsoring- bzw. Sportwerbe-Business international in großem Umfang und mit hohen Wachstumsraten.

Dazu hat (mindestens für europäische Länder) sicher auch die zunehmende Toleranz des Publikums für Werbung an und mit Sportlern und während des sportlichen Geschehens erheblich beigetragen, bzw. beide Entwicklungen haben sich gegenseitig ermöglicht. Insgesamt ist die Akzeptanz (oder Gewöhnung) des Publikums für Banden- und Trikot-Werbung offenbar relativ hoch. Bezüglich beider Werbeformen ergab eine Befragung nur 20 % negative Ant-

8 Vgl. KAPPLER, Ekkehard (1988), a.a.O., S. 127.

9 Für Tennis-Veranstalter gilt die Faustregel, daß sämtliche Fixkosten des Turniers inclusive der Preisgelder durch Sponsorverträge gedeckt sein sollten.

10 Vgl. für weitere Hinweise die Literatur in Fußnote 2.

worten.[11] Sponsoring wird als »tolerierte Zeiterscheinung« betrachtet. Dies ist allerdings bei den einzelnen Sportarten unterschiedlich. Die Befragung von Müller ergab, daß die Sportwerbung bei Autorennen von 45 % der Befragten gebilligt und nur von 14 % mißbilligt wird, während sie bei Eiskunstlauf und Pferdesport nur von 15 % gebilligt und von 47-48 % mißbilligt wird.[12]
Die Werbekonzeptionen der Firmen, innerhalb derer Sportsponsoring im weiteren Sinne eingesetzt wird, sind unterschiedlich. Wir können diesbezüglich die Massen-Effekte und die Elite-Effekte unterscheiden. Allen gemeinsam ist neben generellen Reichweitenzielen die Absicht, zwischen dem Sport, der mit gesellschaftlich positiven Werten besetzt ist (z.B. aktiv, fit, gesund, fair) bzw. einzelnen, erfolgreichen und sympathischen Sportlern[13] oder Mannschaften und den Markenartikeln oder Firmennamen eine assoziative Verknüpfung herzustellen.[14]
Mit Elite-Effekten ist gemeint, daß das exklusive Image einzelner prestigereicher Sportarten (z.B. Golf, Reiten, Segeln) auf marketingmäßig entsprechend konzipierte Produkte[15] übertragen werden soll und die Ansprache sich vorrangig an ein zahlungskräftiges Publikum richtet. So ist es durchaus folgerichtig, daß u.a. die genannten Sportarten - sowie Tennis, das sich diesbezüglich in einem Übergang von einer Elite- zu einer Massensportart befindet - von Firmen gesponsert werden, die ihrem Produkt ein exklusives Image geben bzw. dieses unterstützen wollen (Daimler-Benz, Porsche, BWM, American Express, Boss, Rolex, Ebel etc).
Der Massen-Effekt zielt dagegen vorrangig auf Reichweite und betrifft Firmen, deren Markenartikel sich eher an ein allgemeines Konsumpublikum richten. Von den sponsorwerbe-intensivsten Firmen gehören hierzu insbesondere Ford, Opel, Agfa, Kodak, BASF, Bayer, Hoechst und daneben der größte Teil der sonstigen Firmen, die Sponsorwerbung betreiben. Diese Unternehmen zielen eher auf die massenattraktiven Sportarten wie Fußball, Motorsport, Eishockey, Eiskunstlaufen, Alpiner und Nordischer Skisport, Handball, Leichtathletik und zunehmend auch Tennis. Hierbei hängt die Zahlungsbereitschaft

11 Vgl. MÜLLER, Frank, Banden- und Sportwerbung. Eine Untersuchung zur Wirkung von Bandenwerbung und zur Einstellung gegenüber Werbung im Sport, in: Interview und Analyse 1983, S. 152-156 und 211-215.
12 Vgl. MÜLLER, Frank (1983), a.a.O.
13 »Sympathisch« ist wichtig für den Werberfolg und entscheidend für die Erlöse eines Sportlers: »Bad Boys are no Ad Boys«.
14 Vgl. RYSSEL, Christian und E. STAMMINGER, Sponsoring World-Class Tennis Players, in: European Research 16, Nr. 2 (1988), 110-116.
15 Vgl. HERRMANNS, Arnold, N. DREES und M. PÜTTMANN, Siegen mit Siegern? Sportwerbung '86: Untersuchungsergebnisse, in: Absatzwirtschaft. Sonderausgabe '86, 10, S. 220-233.

für Sponsorwerbung (im Rahmen eines Positiv-Image des Sports) im wesentlichen von den absoluten Zahlen der dadurch angesprochenen Passiv-Konsumenten der jeweiligen Sportart ab.[16]
Entsprechend der unterschiedlichen Werbekonzepte sind auch die Werbemittel und medialen Wirkungszusammenhänge unterschiedlich. Während bei den Elitekonzepten die Direkt-Zuschauer (und in einigen Fällen auch die Aktiven) in den Sportstätten eine wichtige Rolle spielen, sind bei Massenstrategien die Medien (insbesondere das Fernsehen) von hoher Relevanz. Letzteres gewinnt dominierende Bedeutung bei den Spitzen-Sportereignissen von besonders massenattraktiven Sportarten.

5.2 *Fernsehen und Sponsorwerbung*

Sportwerbung ist von den öffentlich-rechtlichen Fernsehanstalten immer kritisch betrachtet worden, da dies im Ergebnis Produktwerbung im Fernsehen bedeutet und insofern als »Schleichwerbung« klassifiziert wurde. Auch zu den Zeiten, als außerhalb von 18 bis 20 Uhr jegliche Fernsehwerbung verboten war, bestand faktisch durch Sportsponsoring eine Möglichkeit der Werbung zur prime time. Die öffentlich-rechtlichen Rundfunkanstalten haben jahrelange Kämpfe ausgetragen, um »Schleichwerbung« mindestens zu begrenzen, was bis zur Boykottierung ganzer Sportarten (z.B. Eishockey) ging.[17] Erreicht wurden einige Regelungen bezüglich der Größe von Schriftzügen, Vermeidung von Leucht- und bewegten Displays etc. Die Rundfunkanstalten befinden sich hier jedoch im stetigen Rückzug vor der Ausbreitung der Sportwerbung.
Im Ergebnis würde heute (insbesondere in Gegenwart der privaten Konkurrenten) der Versuch, das Mitübertragen von Sportwerbung im Fernsehen zu ver-

16 Es ist zum Beispiel bezeichnend, daß Bayern München (nach Auslaufen des Commodore-Vertrages) nicht BMW als Sponsor gewinnen konnte, obwohl dies in gewisser Weise nahegelegen hätte (beides sind Spitzenprodukte mit stark bayrischem Image). Fußball paßte jedoch nicht ins BMW-Image-Konzept. Die höhere Zahlungsbereitschaft von Opel (15 Mio DM für 3 Jahre) erklärt sich aus der Massenattraktivität des Fußballs und der Massenansprache von Bayern München.

17 Diese Position war jedoch nicht auf Dauer haltbar wegen der insgesamt zunehmenden Kommerzialisierung und der relativ großen Werbetoleranz der Zuschauer. In zwei Befragungen 1978 und 1982 antworteten auf die Frage »Das Fernsehen überträgt manchmal Sportveranstaltungen wegen der Werbung nicht. Wie finden Sie das?« »richtig« 14 % (19 %) und »nicht richtig« 72 % (57 %). Vgl MÜLLER, Frank, Banden- und Sportwerbung. Eine Untersuchung zur Wirkung von Bandenwerbung und zur Einstellung gegenüber Werbung im Sport, in: Interview und Analyse 1983, S. 154.

meiden, praktisch dazu führen, daß die öffentlich-rechtlichen Programme keine der für die Zuschauer attraktiven Sportereignisse mehr ausstrahlen könnten. Da sie damit aber nicht nur Einschaltquoten verlieren, sondern auch ihren Programmauftrag verletzen würden, haben sie sich dementsprechend den kommerziellen Bedingungen gebeugt.

5.2.1 *Relevanz des Fernsehens für die Erlöse der Sportveranstalter aus Sponsorwerbung*

Die Sponsorwerbung wird vom Fernsehen multipliziert, das heißt die Zahl der erreichten Werbeadressaten wird gewaltig vergrößert. In welchem Maße dies der Fall ist, hängt davon ab, wie häufig und wie lange die jeweiligen Sponsor-Objekte im Bild sind. Entsprechend sind die Zahlungsbereitschaften der Werbetreibenden für Sponsorwerbung und damit die diesbezüglichen Erlöse der Sportveranstalter unterschiedlich hoch.
Das Interesse konzentriert sich also insbesondere auf die massenattraktiven Sportarten und dabei vor allem auf deren Spitzenereignisse - also genau auf diejenigen, die im Zentrum dieser Studie stehen. Die Zahlungsbereitschaft der entsprechenden Sponsoren ist abhängig von:
1. Sendestunden. Der erste wesentliche Faktor ist der zeitliche Umfang, in dem einzelne Sportarten und Sportereignisse im Fernsehen gezeigt werden. Bezüglich der Zahl der Sendestunden lag der Fußball früher (noch bis 1986)[18] deutlich vor allen anderen, ist inzwischen jedoch vom Tennis[19] weit überholt worden.[20] Im einzelnen lauten die Zahlen für 1989 nach zwei unterschiedlichen Quellen in Stunden:[21]

18 Noch 1986 galt folgende Reihenfolge (in Klammern die Anzahl der Sendestunden): Fußball (234), Tennis (150), Eissport (47), Ski (45), Leichtathletik (31), Reiten (19), Motorsport (18). Quelle: Welt am Sonntag vom 13.12.87.
In der Zahl der Sport-Sondersendungen 1986 in ARD und ZDF führte Fußball (213) vor Tennis (78), Eishockey (38), Leichtathletik (24), Ski alpin (16), Eiskunstlauf (15) und Handball (15). Vgl. EMIG, Jürgen, Wie reagiert das Sport-Fernsehprogramm auf die Veränderung der Medienstruktur? in: HOFFMANN-RIEM, W. (Hrsg), Neue Medienstrukturen - neue Sportberichterstattung? Baden-Baden 1988, 93-99. In etwa die gleichen Reihenfolgen und relativen Abstände ergeben sich auch bezüglich der Anteile der einzelnen Sportarten an den redaktionellen Sportsendungen. Vgl. DAHMS, Heike, Sport im Fernsehen. Eine Analyse von Angebot und Nutzung, in: Media Perspektiven 4/1988, S. 239, Tabelle 2.

19 Hier schlagen insbesondere die vielstündigen Tennis-Übertragungen von SAT-1 (211 Stunden) und RTL-plus (195) zu Buche. Die ARD hatte 1989 142 und das ZDF 88 Stunden Tennis im Programm. Für Fußball lauten die entsprechenden Zahlen RTL-plus 96, ARD 83, ZDF 77 und SAT-1 29 Stunden.

20 Vgl. zum Sendeumfang einzelner Sportarten DAHMS, Heike (1988), a.a.O., EMIG, Jürgen (1988), a.a.O., KAPPLER, Ekkehard, Ressourcenstruktur der Sportorganisationen, in: AN-

	(1)	(2)
Tennis	1001	1019
Fußball	662	449
Eishockey	267	258
Skisport	-	116
Motorsport	168	103
Pferdesport	136	102
Leichtathletik	96	73
Basketball	90	-
Golf	86	60
Handball	75	70
Radsport	69	-

2. Einschaltquoten. Der zweite dominierende Faktor sind die Einschaltquoten (Zuschauer-Zahlen), die die einzelnen Sportarten bzw. Sportereignisse aufweisen. Für die durchschnittlichen Einschaltquoten für Sport-Sondersendungen in ARD und ZDF 1986 lauten diese: Fußball 29 %, Leichathletik 18 %, Ski nordisch 15 %, Tennis 14 %, Handball 12 %, Motorsport 12 %, Eishockey 11 %, Eiskunstlauf 11 %, Ski alpin 11 %.[22] Für die Nachbarländer ergaben sich erwartungsgemäß abweichende Anteile,[23] wobei jedoch der Fußball ebenfalls an der Spitze lag.

3. Eignung für Werbung im Bild. Die typische TV-Coverage einer bestimmten Sportart bietet unterschiedliche Möglichkeiten, die Produktnamen und Firmen-Logos zahlreich und für die TV-Zuschauer wahrnehmbar ins Bild zu bringen. Die üblichen Fernseh-Übertragungsformen, Kameraeinstellungen etc.

DERS, G., E. STRÄHL und A. MOOR (Hrsg.), Sport und Wirtschaft, Magglingen 1988; BERG, Klaus und M.-L. KIEFER (Hrsg.), Massenkommunikation III. Eine Langzeitstudie zur Mediennutzung und Medienbewertung 1964-1985, Frankfurt a.M. 1987; ROTH, Peter, (Hrsg.), Sportwerbung - Grundlagen, Strategien, Fallbeispiele, Landsberg a.L., 1986; BRUHN, Manfred, Sponsoring. Unternehmen als Mäzene und Sponsoren, Frankfurt 1987.

21 Spalte (1) (Quelle: Media Control) enthält die Sport-Sendestunden aller deutschen Fernsehprogramme 1989. Spalte (2) (Quelle: Infas) berücksichtigt nur die einschaltquotenstarken Programme von ARD, ZDF, RTL-plus und SAT-1. Vgl. Hamburger Abendblatt v. 21.12.89 und 30.5.90.

22 Vgl. EMIG, Jürgen, Wie reagiert das Sport-Fernsehprogramm auf die Veränderung der Medienstruktur? in: HOFFMANN-RIEM, W. (Hrsg), Neue Medienstrukturen - neue Sportberichterstattung? Baden-Baden 1988, 93-99, außerdem DAHMS, Heike, Sport im Fernsehen. Eine Analyse von Angebot und Nutzung, in: Media Perspektiven 4/1988, Tabelle 4 und 6, BRUHN, Manfred, Sponsoring. Unternehmen als Mäzene und Sponsoren, Frankfurt 1987, S. 117.

23 Vgl. für die Schweiz STEINMANN, M. und R. MEIENBERGER, Sport in den elektronischen Massenmedien und seine ZuschauerInnen und ZuhörerInnen, SRG-Forschungsdienst, Bern Oktober 1988, für Österreich BÄSSLER, Roland, Das Interesse der Bevölkerung für Sport, in: SWS-Rundschau 2 (1988), 174-190; für Belgien CLAYS, Els, Sport at Belgian Radio and Television (BRT), in: International Review for the Sociology of Sport 21 (1986), 195-209.

sind nach Sportarten unterschiedlich. Zum Beispiel sind beim Tennis die einzelnen Spieler häufiger groß im Bild (und damit auch die Werbung am Trikot) als zum Beispiel beim Fußball. Bei Fußball-Übertragungen verteilt sich die Fläche der Banden, Reiter etc., die regelmäßig vom Fernsehbild erfaßt werden, stärker als beim Tennis, wo sportartbedingt immer wieder relativ kleine Flächen (Kopfseite gegenüber der Kamera-Position, Ruheplätze beim Seitenwechsel) dauerhaft ins Bild kommen. Die Kamera-Standorte bei einzelnen Sportereignissen sind von großer Bedeutung für die tatsächliche Reichweite der jeweiligen Werbeträger. Die diesbezüglichen Unterschiede belegen die zentrale Bedeutung des Fernsehens für die Höhe der Erlöse aus Sponsorwerbung.[24]

Innerhalb der einzelnen Sportarten sind die Zusammenhänge nach Erlösen der Sportveranstalter und der Sportler/Teams und nach Werbemedien zu unterscheiden, wenngleich dies bei Ligaspielen in Team-Sportarten eng zusammenhängt. Werbung an Einrichtungen der Sportanlagen, die den Sportveranstaltern zufließen, sind entsprechend vom Spielort abhängig, differieren also nach Sportstätten bzw. je nach Turnier, Rennen etc. Diese Verträge werden entweder für die einzelnen Veranstaltungen abgeschlossen oder für eine ganze Saison in einem Liga-Wettbewerb. Die Trikotwerbung einer Bundesliga-Mannschaft kommt beim Fußball unabhängig davon ins Bild, ob es sich um Heim- oder Auswärtsspiele, Punkt- oder Pokalspiele etc. handelt. Das Gleiche gilt für Trikotwerbung bei Individual-Sportarten, Werbung auf Rennwagen, Skiern etc. Spitzenmannschaften sind häufiger im Fernsehen vertreten,[25] insbesondere bei einschaltquoten-starken Top-Ereignissen, als solche im Mittelfeld. Spitzen-Tennisspieler sind entsprechend häufiger in Finalspielen großer Turniere vertreten als weiter unten plazierte und entsprechend häufiger auf dem Bildschirm.[26] Rennfahrer sind bei einem Motorsport- oder Radrennen häufiger im Bild, wenn sie an der Spitze liegen, als wenn sie im Hauptfeld mitfahren.

Entsprechend können Spitzen-Mannschaften und Spitzenspieler in Individual-Sportarten weit höhere Werbeverträge realisieren als der Rest der Akteure.[27] Das Maß der Konzentration der Werbeerlöse auf die Spitze ist allerdings bei

24 Vgl. zum Zusammenhang zwischen Werbepreisen und Kamerastandorten BRUHN, Manfred, Sponsoring. Unternehmen als Mäzene und Sponsoren, Frankfurt 1987, S. 197.

25 Der VfB Stuttgart war 1989 48 Stunden auf deutschen Bildschirmen zu sehen, Bayern München 44, Werder Bremen 40, Borussia Dortmund 29 etc., Quelle: Infas, zitiert nach: Hamburger Abendblatt v. 30.5.1990, S. 23.

26 Zum Beispiel allein Boris Becker 1989 174 Stunden, Ivan Lendl 134, Steffie Graf 116 etc. Quelle: Infas, zitiert nach: Hamburger Abendblatt v. 30.5.1990, S. 23.

27 Zum Beispiel innerhalb der Fußball-Bundesliga in der Saison 1989/90: Bayern München ca. 5 Mio DM gegenüber 0,75 Mio DM als Durchschnitt der anderen Vereine.

den Sportarten sehr unterschiedlich. In Mannschaftssportarten in Liga-Wettbewerben ist die Konzentration durchschnittlich geringer als in Individual-Sportarten, bei denen manchmal schon sehr wenige Spieler den Hauptteil der Fernseh-Coverage ausmachen.
Die zahlreichen Beiträge der Marketing-Literatur und Äußerungen der Werbeexperten lassen keinen Zweifel daran, daß die Fernseh-Übertragungen und -Berichte *die zentrale Rolle* für die Erzielung von Sponsoreinnahmen der Veranstalter spielen. Der Umfang der erwarteten TV-Coverage bestimmt direkt die Sponsor-Erlöse der Sportveranstalter. In einigen Fällen sind die Sponsorverträge in der Höhe unmittelbar abhängig von der Zahl der Fernseh-Sendestunden.[28] Die Aussage, daß das Fernsehen überträgt, erlaubt es in einigen Fällen überhaupt erst, Sponsoren zu interessieren, und damit eventuell die Veranstaltung durchzuführen.[29] Einige Sportveranstaltungen sind in ihrem Stattfinden sogar direkt »sponsor-induziert«.[30]
Welche Bedeutung das TV für den angestrebten Werbeeffekt hat, läßt sich zum Beispiel auch daran ablesen, daß konkrete Studien zum Werbeerfolg (Erinnerungs-Werte etc.) in ihrer Methodik direkt und zentral auf die TV-Coverage Bezug nehmen.[31]
Die Preislisten für unterschiedliche Plazierungen von Bandenwerbung in den Stadien zeigen ganz eindeutig, daß diese unmittelbar von den Kamerastandorten abhängen, das heißt davon, wie oft und in welcher Weise bestimmte Flächen in einer Fernseh-Übertragung durchschnittlich im Bild sein werden.[32]

28 Zum Beispiel gab es bei der Handball-B-Weltmeisterschaft 1989 in Frankreich eine Klausel, wonach die Sponsoren-Zahlungen der CWL (Zürich) in Höhe von 1,2 Mio Schweizer Franken an die Fernsehzeiten von ARD und ZDF gekoppelt waren.

29 Ein Beispiel hierfür war 1989 der Internationale DTB-Pokal der Rhythmischen Sportgymnastik in Karlsruhe. Der Hauptsponsor (350.000 DM) war von einer ZDF-Coverage wie im Vorjahr (20 Minuten) ausgegangen, die dann wegen mangelnder ZDF-Produktions-Kapazitäten nicht erfolgte und die Veranstaltung in große finanzielle Schwierigkeiten brachte.

30 VOLVO organisierte 1989 in Göteborg ein American Football-Match zwischen den Minnesota Vikings und den Chicago Bears, das in die USA und in 10 europäische Länder übertragen wurde. Hauptzweck, daß die Veranstaltung überhaupt stattfand, war die so erzielte Multiplikation der Volvo-Sponsorwerbung durch das Fernsehen. Dies wird trotz eines Honorars von 2,5 Mio US-Dollar an die Teams als preisgünstiger Werbecoup eingeschätzt. Vgl. o.V. (1989), Auf die sanfte Tour, in: Manager Magazin, 19.Jg. 3/1989, 216-225.

31 Vgl. HACKFORT, Josef, Zwischen Bandenwerbung und Bandenwirkung - Erste Ergebnisse einer Studie zur EURO 88, in: HERRMANNS, A. (Hrsg.), Sport- und Kultursponsoring, München 1989, 100-111; TROLL, Kurt, Wirkung von Bandenwerbung - Bericht über ein Pilotprojekt, in: Jahrbuch für Absatz- und Verbrauchsforschung 29 (1983), 201-220; MÜLLER, Frank, Banden- und Sportwerbung. Eine Untersuchung zur Wirkung von Bandenwerbung und zur Einstellung gegenüber Werbung im Sport, in: Interview und Analyse 1983, S. 152-156 und 211-215.

32 Vgl. hierzu die Abbildung in BRUHN, Manfred, Sponsoring. Unternehmen als Mäzene und Sponsoren, Frankfurt 1987, S. 197, die die unterschiedlichen Preise für Bandenwerbung in einem Fußballstadion in Abhängigkeit von den Kamera-Standorten zeigt.

Darüber, welchen Effekt (Preis pro Werbe-DM) die Sponsorwerbung für die Sponsoren tatsächlich hat, liegen nur wenig gesicherte Erkenntnisse vor. Auf der einen Seite wird betont, daß das in Sponsorwerbung investierte Geld gegenwärtig in der BRD wegen der TV-Multiplikation eine vergleichsweise hohe Anzahl von Werbe-Kontakten erzeugt. Auf der anderen Seite zeigen eine Reihe von Untersuchungen,[33] daß die gemessenen Recall-Werte die Werbewirkung eher skeptisch betrachten lassen.[34]
Trotz einiger empirischer Ergebnisse mit skeptischem Tenor betont die Mehrzahl der in den letzten Jahren zahlreichen Marketing-Literatur das beim Sport-Sponsoring immer noch günstige Kosten-Nutzen-Verhältnis im Vergleich zu anderen Werbemedien. Es wird mit einem wachsenden Anteil der Sponsoren-Einnahmen im Budget der Sportveranstalter gerechnet. Dies hängt jedoch ganz entscheidend von einem anhaltend hohen (oder noch steigenden) Umfang von Sportsendungen in einschaltquoten-starken Fernsehprogrammen ab.
Als generelles Fazit zu dem Zusammenhang kann man sagen, daß das Fernsehen eine zentrale Bedeutung für die Sponsorerlöse der Sportveranstalter hat. Die Tatsache der absolut hohen und der stark gestiegenen Ausgaben der Firmen für Sponsorwerbung läßt sich nur erklären mit den hohen Werbereichweiten, die erst durch das Fernsehen möglich werden.

5.2.2 *Das wirtschaftliche Verhältnis zwischen Fernsehen, Sportveranstaltern und Werbung*

Würde nicht das Fernsehen durch Sportsendungen die Sponsorwerbung multiplizieren, wäre die Zahlungsbereitschaft der Sponsoren ganz wesentlich geringer und damit auch die Einnahmen der Sportveranstalter. Deshalb besteht bei diesen ein starkes Interesse an Fernseh-Coverage ihrer Veranstaltungen.

33 Vgl. zu empirischen Studien zur Wirkung von Sponsorwerbung MÜLLER, Frank, Banden- und Sportwerbung. Eine Untersuchung zur Wirkung von Bandenwerbung und zur Einstellung gegenüber Werbung im Sport, in: Interview und Analyse 1983, S. 152-156 und 211-215; TROLL, Kurt, Wirkung von Bandenwerbung - Bericht über ein Pilotprojekt, in: Jahrbuch für Absatz- und Verbrauchsforschung 29 (1983), 201-220; ARMSTRONG, Clive, Sports Sponsorship: A Case-Study Appraoch to Measuring its Effectiveness, in: European Research 16 (1988), 97-103; WRIGHT, Roger, Measuring Awareness of British Football Sponsorship, in: European Research 16 (1988), 103-108; HACKFORT, Josef, Zwischen Bandenwerbung und Bandenwirkung - Erste Ergebnisse einer Studie zur EURO 88, in: HERRMANNS, A. (Hrsg.), Sport- und Kultursponsoring, München 1989, 100-111; MERBOLD, Claus, Sportsponsoring aus der Sicht eines Investitionsgüterherstellers, in: ebenda, 122-132.

34 Dies ist für unsere Überlegungen allerdings irrelevant, solange die Zahlungsbereitschaft der Sponsoren effektiv besteht und von der TV-Coverage abhängt.

Dies gilt grundsätzlich für alle Sportarten und Sportereignisse, da bei praktisch allen Ereignissen irgendwelche Formen von Sponsorwerbung praktiziert werden. Dieses Interesse gilt auch für exklusive und solche Sportarten, die im Fernsehen nur selten vorkommen.[35]

Dies macht deutlich, daß im geschäftlichen Verhältnis zwischen Fernsehveranstaltern und Sportveranstaltern zwei Produkte »gegenläufig« gehandelt werden, die jeweils eigenständigen Nutzen erzeugen, bzw. beim jeweils anderen notwendiger Input für dessen Produktion sind: Erstens liefert der Sportveranstalter das Produkt »Sport« an den Fernsehveranstalter, der dies als Input für seine Programme benötigt, um seinerseits (a) von den interessierten Zuschauern Erlöse (bzw. Gebühren) bzw. (b) von Werbetreibenden Einnahmen erzielen zu können. Zweitens liefert der Fernsehveranstalter im Ergebnis das Produkt »Publikum« bzw. »mediale Multiplikation« der Sponsorwerbung des Sportveranstalters, das diesem erst ermöglicht, Erlöse in dieser Höhe aus Sponsorwerbung zu erzielen.

Insofern kann der tatsächliche Lizenz-Preis als Saldo zweier Einzelpreise für die jeweiligen Produkte interpretiert werden, die jeweils auch getrennt betrachtet werden könnten. Dies tritt zwar in der Realität (noch) nicht nach außen in Erscheinung, wird jedoch durch folgende Überlegungen deutlich: Angenommen, für die Sportveranstalter wären von den Fernsehprogrammen für Sportrechte (aus irgendwelchen Gründen)[36] keinerlei Erlöse erzielbar. Dann wäre es für viele Sportveranstalter wirtschaftlich rational, einen Fernsehveranstalter dafür zu bezahlen, daß dieser ein Ereignis überträgt bzw. darüber im TV-Film berichtet, um so die Sponsorwerbung zu multiplizieren, die ihm entsprechende Erlöse von den Sponsoren ermöglicht.

Eine praktisch relevante Parallele für diese hypothetische Situation findet sich zum Beispiel im Verhältnis von Kabelbetriebs-Gesellschaften und Kabelprogramm-Gesellschaften in den USA:[37] Einige Kabelprogramm-Gesellschaften bezahlen den Kabelbetriebs-Gesellschaften Beträge (pro Abonnent) dafür, daß sie in das jeweilige Kabelnetz eingespeist werden, da dies die Reichweite und die Erlöse ihrer Spotwerbung erhöht. Daneben gibt es andere Programme, bei denen der Kabelbetreiber das Programm-Unternehmen dafür bezahlt, daß er

35 Die »massenhafte« Verbreitung der Werbung via Fernsehen schädigt auch keineswegs das exklusive Image der Marke, sondern verstärkt dieses.

36 Dies ist an dieser Stelle eine rein hypothetische Überlegung. Aber praktisch wäre es zum Beispiel denkbar, wenn alle Fernsehveranstalter eines Marktes ein funktionierendes Kartell bildeten, keinerlei Sport-Lizenz-Gebühren an Veranstalter zu bezahlen.

37 Vgl. hierzu WEBB, Kent, The Economics of Cable Television, Lexington 1983, S. 50ff; EASTMAN, Susan; S. HEAD und L. KLEIN, Broadcast/Cable Programming, 2nd ed., Belmont, Ca. 1985.

dessen Programm einspeisen darf, weil es die Attraktivität eines Kabel-Abonnements für die Zuschauer erhöht. Der Saldo aus beiden Preisen kann hier also positiv oder negativ sein.
Wenn auch bislang nicht unmittelbar relevant, sind doch die Interessen-Lagen für unser Thema des Verhältnisses zwischen Sponsorwerbung und Fernsehveranstalter prinzipiell damit vergleichbar. Sportveranstalter - meist aus weniger populären Sportarten, die seltener im Fernsehen vorkommen - wenden sich an die Sportredaktionen mit der Bitte, von ihrer Veranstaltung im Fernsehen zu berichten. Wesentliche Motive hierfür sind der Wunsch nach allgemeiner Publizität und die Verbreitung ihrer Sponsorwerbung.
Dies ist bisher schwierig gewesen wegen der rein redaktionellen Selektion der Sport-Verantwortlichen der Fernsehprogramme. Offizielle Zahlungen von Sportveranstaltern an Fernsehveranstalter für eine bestimmte TV-Coverage ihrer Veranstaltungen sind bisher nicht bekanntgeworden. Das ökonomische Interesse solcher Sportveranstalter an der Erlangung von Fernseh-Coverage im Einzelfall ist jedoch offensichtlich.[38]
Das Gleiche gilt prinzipiell für das Interesse von Sportveranstaltern, die bereits Fernsehrechte vergeben haben (oder sich in entsprechenden Verhandlungen befinden), daß die entsprechenden Programmveranstalter diese auch möglichst ausführlich und zur besten Sendezeit nutzen. Vertragliche Festlegungen der Fernsehveranstalter, eine bestimmte Mindest-Coverage zu realisieren, sind bislang die seltene Ausnahme. Die Fernsehveranstalter weigern sich bisher, derartige Verpflichtungen einzugehen, da dies die redaktionelle Freiheit erheblich einschränken würde. Das ökonomische Interesse der Sportveranstalter ist jedoch auch hier eindeutig.
Das Problem besteht für sie in der zeitlichen Struktur. Das Fernsehen entscheidet eventuell erst relativ kurzfristig, ob und in welchem Umfang es berichtet. Die Sponsoren-Verträge werden wesentlich früher abgeschlossen, so daß der Sportveranstalter bisher seinen Sponsoren keine Garantie geben kann, wieviel Fernseh-Coverage mit ihrer Sponsorwerbung erfolgen wird. Da aber der Sponsor den Wert der Sponsorwerbung nach dem Umfang der TV-Coverage einschätzt, wäre es in seinem Interesse, von den Sportveranstaltern eine entsprechende Garantie zu verlangen. Eine solche könnten diese aber nur dann geben, wenn sie seinerseits vom Fernsehen eine entsprechende Zusicherung erhielten.

38 Vgl. die oben genannten Fälle des Internationalen DTB-Pokals der Rhythmischen Sportgymnastik in Karlsruhe (Süddeutsche Zeitung v. 17.4.89, S.33) und der Handball-B-Weltmeisterschaft in Frankreich (Süddeutsche Zeitung v. 23.2.89).

5.3 *TV-Sport-Kurzberichte und Sponsor-Erlöse*

Wir haben gesehen, daß der Wert der Sponsorwerbung erheblich steigt, wenn das Fernsehen die entsprechenden Werbebotschaften multipliziert. In diesem Wirkungszusammenhang hat der Sportveranstalter also ein starkes Interesse an TV-Coverage. Dies gilt grundsätzlich auch für Kurzberichte - allerdings mit einigen Relativierungen, die in den folgenden 5 Punkten skizziert werden.

1. Kurzberichte sind zeitlich kürzer als normale Berichte oder Übertragungen und entsprechend wird die Sponsorwerbung quantitativ weniger im Bild sein. Wegen der zeitlichen Restriktionen wird ein Kurzbericht von geringerem Sponsorwert sein als eine längere Coverage. Aber auch ein Kurzbericht hat prinzipiell einen Sponsorwerbungs-Effekt.

2. Eine Sport-Übertragung oder ein längerer Bericht wird die gleiche Sponsorwerbung immer wieder ins Bild bekommen, ein Kurzbericht entsprechend seltener. Eine Werbewirkung, die durch dauernde Wiederholung erzielt werden soll, wird also durch Kurzberichte nicht erreicht. Auf der anderen Seite verliert eine bestimmte Werbebotschaft bei längerer Fernseh-Coverage ihren Neuigkeitswert, das heißt sie wird nicht mehr in gleichem Maße wahrgenommen. Ein Kurzbericht erfaßt die Sponsorwerbung ebenfalls,[39] unterliegt jedoch nicht diesen Neuigkeitsverlust-Effekten. Dies läßt die Schlußfolgerung zu, daß der Sponsorwerbe-Effekt pro TV-Sendeminute bei Kurzberichten höher ist als bei längeren Übertragungen (zum Beispiel 4 Stunden Tennis oder 90 Minuten Fußball). Ein Wiederholungs-Effekt der Werbung tritt bei Kurzberichten gegebenenfalls ein im Kontext von multimedialen Werbekampagnen (allg. AV-Werbung, Presse, Plakate etc.)

3. Längere Übertragungen eines bestimmten Sportereignisses werden von einem bestimmten Kreis interessierter Zuschauer gesehen. Dieser Kreis ist für herausragende Ereignisse in populären Sportarten relativ groß und reicht eventuell über den Kreis der allgemein Sportinteressierten hinaus. Die große Mehrzahl der Sportereignisse wird jedoch nur von einem kleineren Kreis von Zuschauern gesehen, die an der jeweiligen Sportart besonderes Interesse haben. Dieser Kreis ist je nach Sportart bzw. Sportereignis mehr oder minder eng gezogen. Die Sponsorwerbung bei diesbezüglichen Sportereignissen erreicht also nur einen entsprechend engen Adressatenkreis.

Kurzberichte werden dagegen typischerweise in Sport-Magazin-Sendungen oder allgemeinen, aktuellen Sendungen gebracht. Deren Publikum ist im allge-

39 Dabei wird hier angenommen, daß keine bewußte Vermeidung der Werbung durch die redaktionelle Zusammenfassung erfolgt.

meinen breiter[40] in dem Sinne, daß die Selektion nach spezifischen Interessen weniger ausgeprägt ist. Dies gilt insbesondere natürlich für allgemeine aktuelle Sendungen, aber auch für redaktionelle Sportsendungen, soweit diese nicht implizit auf eine Sportart konzentriert sind.
Entsprechend erreicht die Sponsorwerbung (über die Zuschauer hinaus, die die Übertragung im Programm des Hauptrechteinhaber sehen) einen breiteren Adressatenkreis. Dies ist vom Standpunkt der Werbetreibenden her positiv, weil die fernseh-relevante Sponsorwerbung im allgemeinen nicht nur auf die Adressaten bestimmter Sportarten gezielt ist und auch z.B. ein Exklusiv-Image dadurch nicht geschädigt, sondern gestärkt wird.

4. Live-Übertragungen finden eventuell zu Tageszeiten statt, die bestimmte Zuschauer ausschließen. Ein zusätzlicher Kurzbericht zu besserer Sendezeit ermöglicht auch das Erreichen solcher Zuschauer mit Sponsorwerbung.

5. Eine Reihe privater Fernsehprogramme in der Bundesrepublik hat gegenwärtig nur eine eingeschränkte technische Reichweite. Wenn die Hauptrechte an bestimmten Sportereignissen von solchen Veranstaltern erworben und nur in ihren Programmen ausgestrahlt werden, ist auch die maximal mögliche Reichweite der jeweiligen Sponsorwerbung entsprechend beschränkt.
Die Sendung von Kurzberichten über das betrachtete Sportereignis in Programmen mit großer technischer Reichweite führt damit auch von daher zum Transport der Sponsorwerbung an einen größeren Adressatenkreis als die Hauptcoverage. Dies liegt zweifellos im wirtschaftlichen Interesse der Sponsoren und damit auch der Sportveranstalter.
Wir sehen also, daß die Kurzberichte bezüglich ihrer Verbreitungswirkung der Sponsorwerbung im wirtschaftlichen Interesse der Sportveranstalter liegen. Insbesondere vor dem Hintergrund der steigenden quantitativen Bedeutung der Sponsorerlöse für die Budgets der Sportveranstalter kann man davon ausgehen, daß diese positiven Effekte groß genug sind, eventuelle andere Einflüsse zu kompensieren.

40 Dies heißt natürlich nicht unbedingt höhere Einschaltquoten.

Kapitel 6:

Ökonomische Analyse alternativer rechtlicher Regelungen

6.1 *Einleitung*

Die Kapitel 3 bis 5 haben sich einzeln mit den Fragen beschäftigt, ob und welche Effekte die Kurzberichte auf die Ticket-Erlöse, den Wert der TV-Hauptrechte und die Sponsorerlöse haben. Als Ergebnis können wir festhalten, daß eine Minderung des Stadionbesuchs durch Kurzberichte nicht zu erwarten ist, sondern dieser häufig durch positive Reklame-Effekte von Kurzberichten leicht gesteigert werden dürfte. Die Erlöse der Sportveranstalter aus Sponsorwerbung werden durch Fernseh-Kurzberichte erhöht. Insoweit beeinflussen die Sport-Kurzberichte die wirtschaftlichen Interessen der Sportveranstalter eindeutig positiv.

Etwas differenzierter sind die Wirkungen auf die Einschaltquoten der Hauptcoverage zu sehen. Vereinfachend können wir sagen, daß Kurzberichte bei ganz speziellen Konstellationen einen negativen Einschaltquoten-Effekt erzeugen können, dies jedoch für die große Mehrzahl aller Sportsendungen nicht zutrifft, quantitativ irrelevant ist bzw. durch Reklame-Effekte überkompensiert wird.

Neben der Zusammenführung der verschiedenen Effekte bleiben noch die Fragen zu erörtern, ob (a) der wirtschaftliche Wert der Fernseh-Lizenzen bei freier Kurzberichterstattung eventuell noch durch andere als Einschaltquoten-Effekte gemindert wird und (b) ob die Option auf unentgeltliche Kurzberichte überhaupt dazu führt, daß diese im Einzelfall tatsächlich genutzt wird. Auch ohne die staatsvertragliche Kurzberichterstattungs-Regelung könnten natürlich Kurzberichte in anderen Programmen gesendet werden, wenn die Programmveranstalter die entsprechenden Rechte vom Hauptrechteinhaber erwerben.

In diesem Kapitel werden vor dem Hintergrund der vorangegangenen Kapitel die beiden alternativen rechtlichen Regelungen »Kommerzielle Kontrahierung« und »Freie Kurzberichterstattung« ökonomisch analysiert. In Gegenüberstellung zur bereits oben definierten freien Kurzberichterstattung beschreibt der Begriff der kommerziellen Kontrahierung die Situation, daß kein Recht auf unentgeltliche Kurzberichterstattung über Sportereignisse besteht und jeder Fernsehveranstalter die gewünschten Rechte in normalen Vertragsverhandlungen erwerben muß. Wir gehen davon aus, daß einige gesellschaftliche Ziele (Informationsfreiheit etc.) für eine freie Kurzberichterstattung sprechen und beschränken uns auf die Frage, ob dies mit wirtschaftlichen Interessen anderer kollidiert.

Eine Anwendung der üblichen ökonomischen Maßstäbe der Effizienz[1] wird dadurch erschwert, daß auf der Output-Seite der Rundfunkveranstalter, für die die Kurzberichte nur Inputs darstellen, keine Marktpreise im üblichen Sinne existieren und der Wert von Kurzberichten für bestimmte Programme ökonomisch nicht exakt bestimmt werden kann. Hinzu kommt, daß auch die Finanzierungsmodi[2] unterschiedlich sind. Deshalb gehen wir hier vereinfachend von der Annahme aus, daß die einzelnen Programmveranstalter diejenigen Inhalte anbieten wollen, die den Präferenzen ihrer Zuschauer entsprechen.

6.2 *Kommerzielle Kontrahierung*

6.2.1 *Einleitung zur kommerziellen Kontrahierung*

In diesem Abschnitt gehen wir davon aus, daß die Zweitrechte zwischen den jeweiligen Partnern frei gehandelt werden können und Angebot und Nachfrage nach dem Prinzip einzelwirtschaftlicher Rationalität bestimmt werden. Es besteht kein Recht auf unentgeltliche Kurzberichterstattung. Dies bedeutet, daß ein Fernsehveranstalter, der nicht der Inhaber der TV-Hauptrechte ist, nur dann längere Berichte oder Kurzberichte von einem Sportereignis ausstrahlen kann, wenn er die entsprechenden Zweitrechte erwirbt. Zur Vereinfachung

1 Unter normativen Gesichtspunkten sind verschiedene Ausprägungen der ökonomischen Effizienz zu berücksichtigen. Die allokative Effizienz bezieht sich auf die optimalen Preise und Mengen. Dies ist für praktische Fälle als erfüllt anzusehen, wenn jeder, dessen Zahlungsbereitschaft die zusätzlichen, volkswirtschaftlichen Kosten seines Konsums übersteigt (und Totalkostendeckung erfüllt ist), auch mit dem Produkt versorgt wird. Technische Effizienz bezieht sich auf die kostenminimale Erstellung eines vorgegebenen Output. Das Kriterium der qualitativen Effizienz bezüglich des Fernseh-Gesamtangebots ist erfüllt, wenn die Präferenzen der Gesamtheit der Zuschauer bestmöglich befriedigt werden. Vgl. dazu ausführlicher KRUSE, Jörn, Ökonomie der Monopolregulierung, Göttingen 1985, Kap. 2.

2 Die generellen Finanzierungsmodi Werbung, Gebühren und Abonnement implizieren unterschiedliche Zusammenhänge zwischen Output und Input. Vgl. auch Abschnitt 4.2.

werden die Inhaber der TV-Hauptrechte im folgenden auch als X-TVV und die Interessenten für Zweitrechte als Z-TVV bezeichnet.
Es wird für das betrachtete Sportereignis weiterhin unterstellt, daß die Hauptrechte daran für die betreffende Region von *einem* TV-Veranstalter - eben dem X-TVV - erworben werden und dies die Rechte umfaßt,
1. TV-Bilder von dem Ereignis zu produzieren und
2. die produzierten Signale und/oder die Senderechte insbesondere zum Zwecke von längeren oder kürzeren Berichten an weitere Fernsehveranstalter zu verkaufen.

Im folgenden Abschnitt wird zunächst der einfachste Fall erörtert, das heißt eine Kontrahierung über die Kurzberichts-Rechte plus Signal für *ein* singuläres Sportereignis. Im Abschnitt 6.2.3 werden dann einzelne Prämissen modifiziert. Es werden die Annahmen aufgehoben, 1., daß die Kontrahierung nur im Einzelfall erfolgt, 2., daß über Lizenz und Signal nur gemeinsam kontrahiert wird, und 3., daß der TV-Hauptrechte-Inhaber sämtliche Rechte erwirbt.

6.2.2 *Kontrahierung über Rechte für Berichte, Kurzberichte und Signale im Einzelfall*

Der Vertrag über ein einzelnes Sportereignis beinhaltet im folgenden das Recht des Z-TVV auf Ausstrahlung eines entsprechenden Berichts[3] sowie die Bereitstellung des vom X-TVV produzierten Signals und das Recht zu dessen Nutzung.
Verhandlungsparameter und Vertragsgegenstand sind (a) die zeitliche Länge des Berichts, (b) die Plazierung im Programm des Z-TVV (insbesondere der zeitliche Abstand zum Ereignis bzw. zur Haupt-Nutzung und (c) der Preis.[4]
Die Kern-Frage richtet sich darauf, wie hoch der Preis ist - gegebenenfalls in Abhängigkeit von qualitativen Merkmalen (zeitliche Länge und Abstände).
Der Preis kann nicht theoretisch exakt bestimmt, sondern nur ein Preisbereich eingrenzt werden, wenn es zur Einigung kommt. Ein wesentlicher Unterschied besteht hier zur Preisbildung bei Hauptrechten,[5] die zunächst exklusiv nur an

3 Grundsätzlich kann natürlich in freien Verhandlungen über jede Berichtslänge kontrahiert werden, nicht nur über maximal 1:30 Minuten. Die zeitliche Länge wird in der zweiten Hälfte dieses Abschnitts problematisiert und bis dahin begrifflich (vgl. dazu Abschnitt 4.3.1) nicht differenziert.
4 Es wird unterstellt, daß im konkreten Einzelfall die prinzipiell preisrelevanten Faktoren »Art des Sportereignisses« und »Reichweite des Z-Programms« bereits vorgegeben sind.
5 Vgl. zur Preisbildung bei Hauptrechten Abschnitt 4.2.2.

den meistbietenden Fernsehveranstalter vergeben werden. Bei Kurzberichts-Zweitrechten können wir davon ausgehen, daß kein hinreichendes Interesse des Käufers an Exklusivität[6] besteht und der Hauptrechteinhaber die gleichen Zweitberichtsrechte auch an mehrere Z-TVV verkaufen kann. Es wird sich entsprechend auch kein singulärer Marktpreis einstellen. Die Preise können für das gleiche Zweitrecht je nach Erwerber durchaus unterschiedlich sein.

Die Obergrenze wird im konkreten Fall durch die maximale Zahlungsbereitschaft Zb_i des jeweiligen Z-TVV und die Untergrenze durch eine minimale Verkaufsbereitschaft Vb_i des X-TVV determiniert.[7] Eine Kontrahierung zwischen dem Hauptrechteinhaber und dem anderen TV-Veranstalter i kommt nur dann zustande, wenn $Zb_i \geqq Vb_i$ gilt. Der Preis P_i ist dann limitiert durch

(6-1) $Zb_i \geqq P_i \geqq Vb_i$.

Die maximale Zahlungsbereitschaft kann entsprechend derjenigen für Hauptrechte geschrieben werden als

(6-2) $Zb_i = E_i - SK_i + LÜZ_i - OW_i$,

wenn wir den Terminus EZ_i aus Ungleichung (4-1) gleich null setzen.[8]

Der Terminus E_i wird hier analog zu Kapitel 4 als Nutzen des Programmveranstalters entsprechend seiner jeweiligen Zielfunktion verstanden und ist direkt oder indirekt von den Präferenzen der Zuschauer abhängig. SK_i besteht im wesentlichen aus den Kosten der redaktionellen Bearbeitung und Kommentierung, gegebenenfalls auch aus Leitungskosten. $LÜZ_i$ erfaßt die längerfristigen und strategischen Überlegungen des Z-TVV bezüglich eines solchen Zweitrechteerwerbs.[9] OW_i repräsentiert den Opportunitätswert der Sendezeit.

Die Zahlungsbereitschaft steigt progressiv mit der Relevanz und der Attraktivität des jeweiligen Sportereignisses, da insbesondere E_i, aber auch $LÜZ_i$, eine entsprechende positive Abhängigkeit davon aufweisen, während die negativen Termini SK_i und OW_i nicht tangiert sind. Während bei Filmberichten über Fernsehsport-Standardereignisse im Einzelfall die Möglichkeit zum Verzicht bzw. zum Ersatz durch andere Beiträge die Zahlungsbereitschaft gering hält, wird diese bei spektakulären oder Spitzenereignissen sehr stark ansteigen. Für

6 Vgl. zur ökonomischen Begründung der Exklusivität Abschnitt 4.2.3.

7 Die minimale Verkaufsbereitschaft bestimmt für den konkreten Verhandlungsfall denjenigen Preis, unterhalb dessen der Hauptrechteinhaber keinesfalls verkaufen würde. Der Grund für den Käuferindex i im Term Vb_i wird weiter unten erläutert.

8 Dies folgt aus der plausiblen Annahme, daß der Erwerber der Kurzberichts-Rechte vertraglich oder faktisch daran gehindert ist, diese wiederum weiterzuverkaufen. Vgl. auch Abschnitt 4.2.2.

9 Darin sind alle strategischen und sonstigen Überlegungen des Z-TVV enthalten, die seine Verhandlungsposition und Entscheidung beeinflussen, z.B. langfristige Image- oder Programmstrategien, Überlegungen bezüglich polit-ökonomischer Zusammenhänge (z.B. politische Gebührenentscheidungen), Beeinflussung der Verkabelungsbereitschaft etc.

unsere Fragestellung ebenso interessant ist jedoch die Abhängigkeit von der zeitlichen Länge und Plazierung des Berichts, was weiter unten erörtert wird. Die Preisuntergrenze Vb_i, unterhalb dessen der Hauptrechteinhaber die Zweitrechte nicht vergeben würde, wird formuliert als

(6-3) $$Vb_i = GK + QK_i - RE_i + LÜX_i .$$

In der Ökonomie ist die rationale, absolute Untergrenze für den Verkaufspreis eines Produktes durch die jeweiligen kurzfristigen Grenzkosten des Anbieters determiniert. In unserem Fall entstehen dem Hauptrechteinhaber keinerlei zusätzliche Kosten für die Weitergabe der Rechte und die Bereitstellung des ohnehin produzierten Signals an weitere Fernsehveranstalter.[10] Die Grenzkosten (GK in Gleichung (6-3)) sind also null.

In einigen Fällen könnten sich (positive oder negative) Einschaltquoten-Rückwirkungen[11] von entsprechenden Berichten in Sendungen anderer Fernsehveranstalter auf das Programm des Hauptrechteinhabers ergeben. Falls dieser eine Einschaltquotenminderung zu erwarten hat, wird dies (mindestens bei werbefinanzierten und Pay-Programmen) zu materiellen Einbußen für den X-TVV führen. Diese werden als Quasikosten QK_i der Zweitrechtevergabe bezeichnet. Sie werden je nach Z-Programm und dessen effektiver Reichweite unterschiedlich hoch sein.

Ein Hauptrechteinhaber könnte indes auch einen Reklame-Effekt RE_i für sein eigenes Programm durch entsprechende Berichte in anderen Programmen erwarten. Im quantitativen Umfang dieser Reklame-Effekte würde die theoretische Preisuntergrenze also gesenkt werden. Wenn $QK_i < RE_i$ gilt, also der Reklame-Effekt die Quasikosten übersteigt, was insbesondere für mehrtägige Sportveranstaltungen und einige Ligaspiele durchaus nicht unwahrscheinlich ist, kann die Untergrenze sogar negativ sein. Das heißt, der Hauptrechteinhaber wäre nötigenfalls bereit, für die Ausstrahlung der Kurzberichte im anderen Programm zu bezahlen, was den Werbespot-Charakter eines Kurzberichts offensichtlich machen würde.

Der Term $LÜX_i$ kennzeichnet die eventuellen längerfristigen Überlegungen des X-TVV. Ein strategischer Aspekt könnte zum Beispiel sein, daß der Hauptrechteinhaber ein Image als »Sportexperte« bei den Zuschauern anstrebt und deshalb so wenig Sportsendungen wie möglich in den Konkurrenz-Programmen präferiert.

Außerdem können strategische Überlegungen relevant sein, durch attraktive Programmsoftware, die im eigenen Programm exklusiv vertreten ist, die Zuschauer zu bewegen, sich einen Kabelanschluß oder eine Satellitenempfangs-

10 Wenn man von Transaktionskosten für den Vertragsabschluß absieht.

11 Vgl. zu diesen Zusammenhängen Abschnitt 4.4.

Anlage zuzulegen. Grundsätzlich eignet sich attraktiver Sport wegen seiner geringen Substituierbarkeit für ein solches Ziel so gut wie kaum eine andere Programmsparte.[12] Das Argument ist jedoch zweischneidig, da durch Berichte insbesondere in reichweitenstarken Programmen diese Bedürfnisse eventuell erst erzeugt bzw. erhöht (Reklame-Effekt) und nicht bereits befriedigt werden.
Während bisher in diesem Abschnitt generell von Berichten die Rede war, die vom zeitlichen Umfang her weit über das Kurzberichts-Maß von 1:30 Minuten hinausgehen können, wollen wir jetzt die zeitliche Länge zusammen mit der programmlichen Plazierung der Berichte problematisieren, wodurch einige Aussagen wesentlich modifiziert werden.
Grundsätzlich kann man davon ausgehen, daß die Zahlungsbereitschaft Zb_i eines Z-TVV mit wachsender Länge des vertraglich vereinbarten Berichtes zunimmt. Welcher Art dieser Zusammenhang ist, hängt vor allem von den jeweiligen Sportarten und Sportereignissen und ihrer Eignung zur Zusammenfassung ab. Bei ergebnisorientierten Sportarten mit einer starken Konzentration des Interesses auf die Höhepunkte wird jenseits der Kurzberichtslänge die Zahlungsbereitschaft in den meisten Fällen nur noch unterdurchschnittlich ansteigen.[13] Bei Sportarten mit hohem Unterhaltungswert wird die Zahlungsbereitschaft pro Minute weniger stark degressiv verlaufen, insbesondere, wenn an dem betreffenden Tag eine redaktionelle Sportsendung auf dem Programm steht.
Demgegenüber wird die Preisuntergrenze, das heißt die minimale Verkaufsbereitschaft des X-TVV, mit zunehmender Berichts-Länge progressiv ansteigen. Die Quasikosten steigen (vor allem bei zusammenfassungsgeeigneten Sportarten) mit zunehmender Dauer stark an, da für immer mehr Zuschauer bereits ihr Konsum-Interesse befriedigt wird und damit die Einschaltquoten des Hauptrechteinhabers sinken. Der entsprechende Reklame-Effekt für die Lang-Coverage wird bereits bei Kurzberichten erzeugt und wächst mit längeren Berichten kaum noch an.
Bei gemeinsamer Betrachtung von Zahlungsbereitschaft und Verkaufsbereitschaft können wir nicht nur folgern, daß mit zunehmender Berichtslänge der Preis steigen wird. Vor allem wächst wegen des degressiven Verlaufs von Zb und des progressiven Verlaufs von Vb die Wahrscheinlichkeit, daß gar kein

12 Kaum eine Programmsoftware-Gattung, für die das Ausschlußprinzip angewendet wird, ist bei einer relevant großen Zuschauergruppe so wenig substituierbar wie Top-Sportereignisse, gerade weil sie stark zeitkritisch sind, das heißt eine hohe Aktualitäts-Komponente haben, nicht über Video erhältlich sind etc.

13 Dies ist sehr ausgeprägt für die Verwendung in allgemeinen Nachrichtensendungen, die strikte redaktionelle Grenzen für einen Beitrag haben, und weniger deutlich bei Ausstrahlung innerhalb von Sport-Magazinen.

Vertrag zustandekommt, weil nicht mehr Zb $\geqq$ Vb ist. Dies gilt jedoch nicht für den zeitlichen Umfang eines Kurzberichts, der das Nachrichten-Interesse des Z-TVV bereits weitgehend befriedigen kann, während denkbare Quasikosten des X-TVV allenfalls gering sind und hinter seinen Erlösinteressen zurücktreten. Unter den Bedingungen kommerzieller Kontrahierung werden, wenngleich nach Sportarten und -ereignissen unterschiedlich, Zweitrechtsverträge in der Regel über relativ kurze Berichte geschlossen werden.
Bezüglich des Einflusses der programmlichen Plazierung beschränken wir die Erörterung hier auf Kurzberichte. Wegen des Nachrichten-Charakters wird die Zahlungsbereitschaft des Z-TVV mit zunehmendem zeitlichen Abstand vom Ereignis stark abnehmen (Aktualitäts-Effekt). Am nächsten Tag wird ein Kurzberichtsrecht in der Regel weitgehend wertlos sein.
Demgegenüber bewertet der X-TVV den Z-Kurzberichts-Sendetermin im wesentlichen in Relation zu seiner eigenen Hauptcoverage. Nach den Ergebnissen des Abschnitts 4.4 können wir davon ausgehen, daß relevante Quasikosten allenfalls dann erwartet werden können, wenn der Kurzbericht zeitlich *vor* der Hauptcoverage erfolgt und es sich um eine zusammenfassungsgeeignete Sportart handelt. Wenn diese durch zeitversetzte Berichte erfolgt, wird der X-TVV vorherige Kurzberichte ausschließen oder nur zu hohen Preisen vergeben wollen. Nur bei Voraufführung des Kurzberichts bei zusammenfassungsgeeigneten Spitzensportereignissen können wir erwarten, daß es bei kommerzieller Kontrahierung nicht regelmäßig zur Kurzberichts-Zweitrechtsvergabe kommt.
Bei Live-Übertragungen (insbesondere bei mehrtägigen Sportveranstaltungen) wird der X-TVV dagegen von Kurzberichten in anderen Programmen (einschließlich von Live-Kurzeinblendungen) eher einen Reklame-Effekt erwarten und deshalb entsprechende Zweitrechte vergeben.

6.2.3 *Modifikationen der Kontrahierung*

In diesem Abschnitt werden mehrere Modifikationen der kommerziellen Kontrahierung betrachtet, die sich auf Art und Umfang der Kontrahierung sowohl zwischen den Fernsehveranstaltern als auch zwischen Sport- und Fernsehveranstaltern beziehen.
(a) Die erste Modifikation hebt die Annahme von Einzelverträgen über singuläre Ereignisse auf. In der Praxis werden sich im Zeitablauf vermutlich Vertragsbeziehungen zwischen mehreren Fernsehveranstaltern herausbilden, die umfassende Kurzberichts-Regelungen für ganze Perioden beinhalten und Kontrahierungen im Einzelfall ersparen.
Die konkreten Probleme konzentrieren sich auf die Formulierung von Rah-

menverträgen zur Regelung von Nutzungsformen und Entgelten im Einzelfall.[14] Bei adäquater Lösung dieser Probleme kann man davon ausgehen, daß die Fernsehveranstalter ein Interesse an solchen vertraglichen Vereinbarungen über Kurzberichte haben, da diese für alle die Unsicherheiten bezüglich verfügbarer Rechte und Signale sowie die Transaktionskosten reduzieren und damit die Programmplanung erleichtern.

Derartige Pauschalverträge werfen allerdings gegebenenfalls wettbewerbspolitische Probleme auf. Diese könnten erstens unter bestimmten Umständen als Kartell zu Lasten der Sportveranstalter interpretiert werden. Zweitens bieten sie Koalitionen von TV-Veranstaltern die Möglichkeit, andere Programmanbieter zu diskriminieren. Es können Markteintrittsbarrieren für neue Programmanbieter errichtet werden, wenn sich die etablierten Veranstalter gegenseitig die Kurzberichts-Rechte über ganze Perioden und über mehrere Sportarten hinweg einräumen.

(b) Eine relevante Alternative zum bisherigen Szenario besteht in der Vergabe der Kurzberichts-Rechte durch den Sportveranstalter selbst, das heißt die Hauptrechte sind weniger umfassend. Dies kann für den Sportveranstalter attraktiv erscheinen, da er aufgrund der Bedeutung der Sponsor-Werbung und eventuellen Reklame-Effekten für Eintrittskarten-Erlöse an einer möglichst breiten TV-Coverage seines Sportereignisses interessiert ist.

Der Unterschied zur Kurzberichts-Vergabe durch den Hauptrechteinhaber liegt also zunächst in der Interessenlage des Sportveranstalters. Er ist kein Konkurrent des Z-TVV und erleidet auch keine Einschaltquoten-Verluste. Die Wahrscheinlichkeit, daß Kurzberichts-Rechte vergeben werden, wird in diesem Fall noch höher sein. Allerdings ist die Zahlungsbereitschaft für die TV-Hauptrechte bei diesem Szenario geringer, da EZ_i in Gleichung (4-1) null wird und der X-TVV gegebenenfalls die Möglichkeit für Quasikosten berücksichtigen müßte.[15] Der Sportveranstalter erlöst also weniger aus den Hauptrechten und versucht dies durch Umsätze aus Kurzberichts-Rechten zu kompensieren. Er übernimmt also ein zusätzliches Absatzrisiko.

Das entscheidende Problem besteht jedoch in der Verfügbarkeit über die entsprechenden Signale. Angenommen, die einzige Möglichkeit für den Z-TVV bestünde in der Eigenproduktion der Signale, für die er den Betrag K aufwenden müßte. Dann wäre seine Zahlungsbereitschaft für die Kurzberichts-Rechte

14 In die Preise würden (gegebenenfalls nach Klassen von Sportereignissen differenziert) Lizenzpreise, Produktionskosten, Reichweiten der übernehmenden Programme, zeitliche Strukturen etc. eingehen.

15 Ungleichung (4-1) aus Abschnitt 4.2.2 lautet $Zb_i \leq E_i - SK_i + EZ_i + LÜ_i - OW_i$.

$$(6\text{-}4) \qquad Zb(R) = Zb(R{+}S) - K,$$ [16]

das heißt um die Produktionskosten geringer als für das Gesamtpaket, das vorher Gegenstand der Erörterung war. Der Sportveranstalter würde also wesentlich weniger vom Z-TVV erlösen als der X-TVV im vorher erörterten Fall. Im übrigen wäre diese Lösung vom volkswirtschaftlichen Standpunkt her technisch ineffizient, da wesentlich höhere Produktionskosten entstehen als bei alleiniger Produktion durch den Hauptrechteinhaber, der das Bildmaterial für die Erstellung von Kurzberichten zu Grenzkosten von null liefern kann.
Die naheliegende Möglichkeit, jetzt die Signale vom X-TVV zu erwerben und auf Eigenproduktion zu verzichten, erlaubt dem X-TVV jedoch, seine Interessen über den Signalpreis bzw. über Nutzungsrestriktionen durchzusetzen und gegebenenfalls die gewünschte Kurzberichterstattung und damit auch die entsprechenden Rechteerlöse des Sportveranstalters zu verhindern.
Eine praktische Möglichkeit für den Sportveranstalter, diese Signal-Probleme zu lösen, besteht nur im Rahmen der Verhandlungen über die Hauptrechte. Der Sportveranstalter kann die Vergabe der Hauptrechte daran knüpfen, daß der Käufer bereit ist, seine dann produzierten Signale ohne (oder zu einem vorher festgelegten) Entgelt an jeden Z-TVV weiterzugeben, der beim Sportveranstalter die Kurzberichts-Rechte erwirbt. Die Antizipation eines Saldos zwischen eventuellen Quasikosten etc. und Signalentgelten wird entsprechend die Zahlungsbereitschaft für die Hauptrechte modifizieren.
(c) Eine institutionelle Alternative zu Letzterem ist es, zwar die umfassenden Hauptrechte an einen TV-Veranstalter zu veräußern, diesen jedoch zu verpflichten, seinerseits Kurzberichts-Rechte und -Signale zu vorher festgelegten Konditionen an andere Programme weiterzugeben. Die relevanten Qualitätsparameter und die Preise für die Kurzberichts-Rechte werden dann im Vertrag zwischen Sportveranstalter und X-TVV festgelegt. Dies reduziert gegebenenfalls die Zahlungsbereitschaft des X-TVV für die Hauptrechte gegenüber der Ausgangssituation, und der Sportveranstalter würde in dem Falle weniger vom X-TVV erlösen als im Szenario des Abschnitts 6.2.2. Er erhält allerdings eine breitere TV-Coverage und realisiert im beschriebenen Umfang damit vermutlich höhere Einnahmen aus Eintrittskarten und Sponsorwerbung.
Auch derartige Regelungen erfordern jedoch relativ aufwendige Kontrahierungen bezüglich der Definition von Nutzungsrestriktionen und Preisen für die Kurzberichts-Weitergabe im Einzelfall. Kosten-Effizienz ist hier prinzipiell gegeben, da das Signal nur einmal produziert wird.

16 Zb(R+S) bedeutet Zahlungsbereitschaft für Signal und Rechte und ist lediglich eine explizitere Schreibweise für das früher verwendete Zb_i.

Im Ergebnis können wir bei kommerzieller Kontrahierung für den Normalfall erwarten, daß der Hauptrechteinhaber Signal- und Lizenzrechte für Kurzberichte an andere Fernsehveranstalter weitergeben wird. Er ist bezüglich der Rechte für ein bestimmtes Sportereignis zwar Angebotsmonopolist, wird dies in der Mehrzahl der Fälle aber nicht zur Durchsetzung überhöhter Preise nutzen können, da die Z-TVV relativ problemlos auf diese Berichte verzichten bzw. durch andere ersetzen könnten. Kurzberichts-Material von verschiedenen Sportveranstaltungen eines Tages steht diesbezüglich in Konkurrenz. Das Erlös-Interesse der X-TVV wird hier zu akzeptablen Preisen führen.
Bei Spitzen-Sportereignissen, bezüglich derer die anderen Fernsehveranstalter eine Berichterstattung in ihrem Programm als »redaktionelles Muß« ansehen, werden die Preise deutlich höher sein, da die Hauptrechteinhaber die Zahlungsbereitschaft der Z-TVV weitgehend ausreizen können.
Bei Topereignissen in zusammenfassungsgeeigneten Sportarten, bei denen die Hauptcoverage zeitversetzt erfolgt, wird der Hauptrechteinhaber Zusicherungen über eine Karenzzeit vor der Ausstrahlung des Kurzberichts fordern, um Quasikosten zu vermeiden, was in einigen Fällen zu ergebnislosen Verhandlungen führen wird, wenn der Z-TVV sendezeitlich nicht flexibel ist.

6.3 *Kontrahierung bei Bestehen eines Rechtes auf freie Kurzberichterstattung*

6.3.1 *Grundlage und Entscheidungssituation*

Das Bestehen eines Rechts auf freie Kurzberichterstattung bedeutet, daß jeder Fernsehveranstalter das Recht hat, über jedes inländische Sportereignis in der BRD in Form von Kurzberichten ohne Zahlung von Lizenzgebühren zu berichten. Dieses Recht erfaßt also keine Sportereignisse im Ausland, solange dort keine entsprechenden rechtlichen Regelungen geschaffen worden sind. Es bedeutet auch nicht, daß TV-Signale anderer Fernsehveranstalter ohne deren Einverständnis übernommen werden dürften, da für die Signale unstreitig ein Leistungsschutzrecht besteht.
Die Kurzberichts-Regelung des Rundfunk-Staatsvertrages beinhaltet das Recht, mit dem erforderlichen technischen Equipment einen solchen Zugang zu den entsprechenden Sportstätten und dort entsprechende Produktionsmöglichkeiten zu bekommen, so daß die Produktion in akzeptabler Qualität auch tatsächlich realisiert werden kann. Daraus folgen für den konkreten Fall eines

Sportereignisses vier Handlungsalternativen für einen Fernsehveranstalter Z-TVV_i, die im folgenden kurz analysiert werden sollen:

1. Verzicht auf eine Kurzberichterstattung
2. Eigenproduktion, das heißt der Z-TVV_i erzeugt seine Signale selbst.
3. Signalerwerb vom Hauptrechteinhaber, das heißt der Z-TVV_i erwirbt das Material vom X-TVV.
4. Signalerwerb von Dritten, das heißt der Z-TVV_i erwirbt das Material gegebenenfalls von anderen Z-TVV, sofern diese eine eigene Produktion durchführen.

6.3.2 *Eigenproduktion oder Verzicht auf Kurzberichterstattung*

Eigenproduktion bedeutet, daß ein TV-Veranstalter, der von einem Sportereignis einen Kurzbericht senden will, das Signal selbst erstellt und daraus den Kurzbericht produziert. Wenn die Produktionskosten K betragen, ist für seine Entscheidung zur Eigenproduktion maßgeblich, ob

(6-5) $Zb_{ij} > K_{ij}$

gilt.[17] Die Entscheidung hängt also wie oben im wesentlichen davon ab, für wie programmrelevant der Fernsehveranstalter dieses Sportereignis hält und wie hoch die Kosten sind.

Für die Produktion eines Kurzberichtes ist in der Regel die Aufzeichnung des gesamten Sportereignisses erforderlich,[18] das heißt die totalen Produktionskosten für einen Kurzbericht von professioneller Qualität sind ähnlich hoch wie für eine Lang-Coverage. Unterstellt ist dabei, daß das gleiche professionelle Niveau der Bilder angestrebt wird, wie dies sonst üblich ist. Falls man jedoch Qualitätseinbußen in Kauf nimmt,[19] wären die Kosten natürlich geringer. Allerdings variieren die Produktionskosten und damit auch die Minutenkosten zwischen verschiedenen Sportarten und Sportereignissen erheblich. Die Produktionskosten sind praktisch »ereignis-fix«,[20] das heißt, die Kosten pro Sen-

17 Zur Kennzeichnung der pekuniären Wertschätzung ist hier der Begriff der Zahlungsbereitschaft beibehalten worden. Zb_{ij} bzw. Zb_{ij} (R+S) bedeutet die Zahlungsbereitschaft des Fernsehveranstalters i für Rechte und Signal des Sportereignisses j. Da wegen des Rechtes auf freie Kurzberichterstattung Zb (R) = 0 ist, gilt Zb_{ij} (R+S) = Zb_{ij} (S).

18 Aber auch wenn dies nicht so wäre (zum Beispiel durch Beschränkung auf die letzen 15 Minuten eines Spiels), würden kaum Kosten erspart werden gegenüber der Aufzeichnung des gesamten Spiels.

19 Qualitätseinbußen würden z.B. entstehen, wenn man ein Fußballspiel mit nur einer Kamera aufzeichnet.

20 Ein erheblicher Teil der Gesamtkosten (Ü-Wagen, Personal, Kameras, weiteres technisches Equipment, Reisekosten usw.) ist unabhängig von der späteren Sendelänge des Beitrags.

deminute nehmen mit der Länge des Berichts stark ab. Die »ersten Minuten« eines Berichts sind damit (in Grenzkosten-Betrachtung) die teuersten. Folglich haben Kurzberichte sehr hohe Minutenkosten.
Dabei ist unterstellt, daß der Z-TVV_i ebenfalls Ü-Wagen am Produktionsort einsetzt, Leitungen ins Studio schaltet etc. In vielen Fällen wäre es jedoch möglich, in der Sportstätte mobile Kameras einzusetzen und das aufgezeichnete Material physisch ins Studio zu transportieren,[21] wo es zu einem Kurzbericht verarbeitet werden kann. Dies hat jedoch nicht nur erhebliche Qualitätseinbußen zur Folge, sondern auch wesentliche Verzögerungen zwischen dem Sportereignis und der Sendefähigkeit des Kurzberichts. Dennoch werden auch hier wegen der Kürze des Beitrags die Kosten pro Sendeminute beträchtlich sein.
Die Zahlungsbereitschaft Zb_{ij} hängt vom voraussichtlichen Nachrichtenwert, das heißt von der redaktionellen Relevanz und Attraktivität des Sportereignisses j für den Fernsehveranstalter i ab. Da derartige Produktionsentscheidungen vorher getroffen werden müssen und nicht wenige Sportereignisse hinsichtlich ihrer konsumrelevanten Merkmale (vgl. Abschnit 2.2) ex post anders bewertet werden als ex ante, besteht diesbezüglich also ein Kostenrisiko für den Z-TVV_i.
Wegen der hohen Eigenproduktions-Kosten pro Sendeminute für Kurzberichte wird das Entscheidungs-Kriterium $Zb_{ij} > K_{ij}$ der Ungleichung (6-5) nur bei erstklassigen Sportereignissen erfüllt sein,[22] nicht jedoch für die große Mehrzahl der fernsehrelevanten Sportveranstaltungen. Das bedeutet, ein Z-TVV_i wird nur bei relativ wenigen Top-Sportereignissen eine Kurzberichts-Produktion durchführen.
Welche wirtschaftlichen Auswirkungen hat nun in diesen Fällen die Ausstrahlung eines eigenproduzierten Kurzberichts? Wir können dies vergleichen mit der Situation bei kommerzieller Kontrahierung, für die Abschnitt 6.2.2 zu dem Ergebnis kam, daß - von wenigen Ausnahmen abgesehen - der Hauptrechteinhaber[23] seinerseits die Kurzberichtsrechte weiterverkaufen wird.
Gegenüber der Situation bei kommerzieller Kontrahierung entfallen bei Kurzberichts-Eigenproduktion des Z-TVV für den Hauptrechteinhaber also die entsprechenden Erlöse aus dem Weiterverkauf der Kurzberichtsrechte. Im finanziellen Umfang dieses Effektes sinkt die Zahlungsbereitschaft für die Haupt-

21 Bzw. zu einem Ort, der die Überspielung ins Studio ermöglicht.
22 Allerdings ist dies unterschiedlich nach verschiedenen Sportarten und einigen anderen Faktoren, die die Höhe der Produktionskosten im Einzelfall beeinflussen.
23 Die verschiedenen anderen Kontrahierungsformen bleiben hier nur der Einfachheit halber außer Betracht.

rechte, was wiederum die TV-Lizenzeinnahmen des Sportveranstalters schmälert. Ist dies quantitativ relevant?
Die Höhe der so entgangenen Erlöse entspricht also der Summe der Einzelerlöse von jedem kurzberichts-interessierten Z-TVV - sofern jeder Einzelne entweder allein oder mehrere gemeinsam ihre eigenes Bildmaterial produzieren.[24]
Bei kommerzieller Kontrahierung sind wir zu dem Ergebnis gekommen, daß die Kurzberichts-Preise in den meisten Fällen niedrig sein werden und nur bei einigen Topereignissen wesentlich höher. In Relation zum finanziellen Volumen der Hauptrechte werden die potentiellen Kurzberichtserlöse jedoch auch dann gering sein, so daß sie für die Preise und Erlöse der Hauptrechte kaum ins Gewicht fallen.
Die Ausnahmen, bei denen unter kommerzieller Kontrahierung eventuell keine Zweitrechte für Kurzberichte vergeben werden, beziehen sich auf den Fall erstklassiger, zusammenfassungsgeeigneter Sportereignisse, wenn die Kurzberichte vor der zeitversetzten Berichterstattung des Hauptrechteinhabers gesendet werden sollen. Ursache hierfür sind im wesentlichen die höheren Quasikosten durch Einschaltquotenverluste für den X-TVV. Hier sind also wirtschaftliche Auswirkungen möglich, die den Wert der Hauptrechte senken, sofern die Z-TVV ihre eigenproduzierten Kurzberichte tatsächlich vorher senden.
Die letztgenannte Bedingung ist durchaus nicht trivial.[25] Da der zeitliche Abstand zwischen dem Sportereignis und dem Bericht im Programm des X-TVV bei attraktiven, inländischen Ereignissen nicht groß sein wird[26] und der Produktionsvorgang vom Bildmaterial zum Kurzbericht ebenfalls Zeit beanprucht, wird eine Signalerstellung ohne Ü-Wagen meist zu lange dauern. Der Ü-Wagen-Einsatz wird aber für höchstens 90-Sendesekunden kostenmäßig nur selten gerechtfertigt sein. Hinzu kommt, daß für den zur Diskussion stehenden Effekt zwischen der Kurzberichts-Fertigstellung und der X-Coverage auch ein geeigneter Sendeplatz vorhanden sein muß, der die Sportinteressierten erreicht.
Wenn zwei verschiedene Signale vom gleichen Ereignis produziert werden,[27]

24 Diese Annahme ist natürlich unrealistisch, wie in 6.3.3 genauer erörtert wird. Trotz eines Rechtes auf freie Kurzberichterstattung werden die Z-TVV in der Regel die Signale und Rechte für Kurzberichte vom Hauptrechteinhaber erwerben.

25 Die Möglichkeit, zwecks preiswerterer Erlangung der Signale zeitliche Konzessionen an den Hauptrechteinhaber zu machen, wird im folgenden Abschnitt erörtert.

26 Je attraktiver ein Sportereignis ist, desto eher wird live und nicht zeitversetzt berichtet, bzw. desto geringer wird der zeitliche Abstand zwischen Ereignis und Bericht sein. Zu den wenigen Fällen attraktiver inländischer Sportereignisse mit zeitversetzter Erst-Coverage gehört der Bundesliga-Fußball. Hier liegt es an den vertraglichen Bedingungen des Deutschen Fußballbundes, daß eine Berichterstattung samstags erst ab 18.20 möglich ist, während die Spiele in der Regel gegen 17.10 beendet sind.

27 Dabei ist gleiche professionelle Qualität unterstellt.

sind die volkswirtschaftlichen Produktionskosten praktisch doppelt so hoch wie bei alleiniger Produktion durch den Hauptrechteinhaber. Die Eigenproduktion eines Z-TVV ist deshalb in gesamtwirtschaftlicher Beurteilung technisch ineffizient.[28]

6.3.3 *Signal vom Hauptrechteinhaber oder von Dritten*

Die Ausstrahlung eines Kurzberichts erfordert unter der Regelung des Staatsvertrages zur freien Kurzberichterstattung nicht unbedingt eine eigene Produktion. Die Signale könnten auch hier vom Hauptrechteinhaber oder gegebenenfalls von einem anderen Z-TVV erworben werden. Beides wird im folgenden betrachtet.

Die ökonomisch naheliegendste Lösung wäre es, wenn der Z-TVV das Signal vom Hauptrechteinhaber erwirbt, um eine volkswirtschaftlich ineffiziente Produktion mehrerer Signale von einem Ereignis zu vermeiden. Gegenüber dem Szenario bei kommerzieller Kontrahierung ergibt sich bei freier Kurzberichterstattung jedoch eine andere Obergrenze für die Preise von Kurzberichten. Die maximale Zahlungsbereitschaft des einzelnen Z-TVV ergibt sich aus den Kosten der Eigenproduktion K, das heißt $Zb_{ij} < K_{ij}$, so daß für den Preis P_{ij} gilt

(6-6) $Vk_{ij} = 0 < P_{ij} < K_{ij}$.[29]

Vk_{ij} ist hier null, da die Grenzkosten null sind und der Hauptrechteinhaber eventuelle Quasikosten, die nur im vorher erörterten Spezialfall auftreten können, nicht vermeiden kann, wenn er davon ausgeht, daß der Z-TVV bei Nichteinigung das Kurzberichts-Material selbst produziert. Auf der anderen Seite kann er gegebenenfalls den Preis bis unter die Produktionskosten des Z-TVV anheben, da dieser dann immer noch billiger zu seinem Signal käme als bei Eigenproduktion. Von strategisch motivierten Konfliktsituationen abgesehen, wird es fast immer zu einer Kontrahierung im Preisbereich der Ungleichung (6-6) kommen, ohne daß der Hauptrechteinhaber wirtschaftliche Einbußen gegenüber der kommerziellen Kontrahierung erleidet.

Anders könnte es sein, wenn bei den genannten, zusammenfassungsgeeigneten Spitzen-Sportereignissen ein Kurzbericht des Z-TVV vor der zeitversetzten Be-

28 Bei Abwesenheit von räumlichen Kapazitätsproblemen in der Sportstätte (siehe 6.3.3) ist es denkbar, daß von einem Sportereignis sogar mehr als zwei Signale von unterschiedlichen TV-Teams produziert werden, was die ökonomische Ineffizienz noch multiplizieren würde.

29 Vk_{iJ} bezeichnet die Verkaufsbereitschaft des X-TVV bei Recht auf unentgeltliche Kurzberichterstattung, während Vb_{ij} die Verkaufsbereitschaft bei kommerzieller Kontrahierung ist. Für diese kann $Vk_{ij} = Vb_{ij}$ oder $Vk_{ij} < Vb_{ij}$ gelten.

richterstattung des X-TVV möglich ist und dann $Vb_{ij} > K_{ij}$ gelten würde. In dem Fall wird der Hauptrechteinhaber in den Verhandlungen über die Signalbereitstellung eine vertragliche Zusicherung fordern, daß der Kurzbericht nicht vor seiner eigenen Berichterstattung gesendet wird, um die Quasikosten zu vermeiden, was seine Vbij senken würde. Der Z-TVV wird dies bei entsprechendem Preis in aller Regel akzeptieren, da der Aktualitätsverlust gegenüber der Alternative der Eigenproduktion gering ist.

Wir können davon ausgehen, daß auch bei freier Kurzberichterstattung der Regelfall darin besteht, daß die anderen Fernsehveranstalter ihre Signale für Kurzberichte vom Hauptrechteinhaber erwerben. Dies stellt auch die volkswirtschaftlich effiziente Lösung dar.

Die Möglichkeit der Übernahme von einem anderen Z-TVV folgt aus den Regelungen des Staatsvertrages bei Knappheit von räumlichen Kapazitäten in der Sportstätte (Artikel 10 e des Staatsvertrages). Bei vielen Sportereignissen lassen die räumlichen Gegebenheiten mehrere TV-Teams nicht zu bzw. führen zu Arbeitserschwernissen und Qualitätsverlusten. Insbesondere in Hallen herrscht in der Regel Knappheit an geeigneten Kamerastandorten. Der Hauptrechteinhaber ist natürlich bestrebt, alle guten Kamerastandorte für seine eigene Produktion zu nutzen.

Falls aus solchen Gründen nicht alle Interessenten zur Kurzberichts-Produktion zugelassen werden können, ist der Sportveranstalter verpflichtet, neben dem Hauptrechteinhaber einem weiteren Fernsehveranstalter die Signalproduktion zu ermöglichen. Dieser ist seinerseits verpflichtet, den nicht berücksichtigten Interessenten das Material gegen Kostenbeteiligung zur Verfügung zu stellen.

Wenn wir davon ausgehen, daß auf diese Weise die Produktionskosten zwischen allen interessierten Z-TVV aufgeteilt werden, gelangen diese wesentlich billiger an die erforderlichen Signale als bei Eigenproduktion, so daß die Wahrscheinlichkeit, daß von einem bestimmten Z-TVV tatsächlich ein Kurzbericht gesendet wird, steigt.

Da seine relevanten Grenzkosten null sind, wird der Hauptrechteinhaber jedoch auch hier starke Anreize haben, seinerseits die Signale an die anderen Fernsehveranstalter zu liefern. Die Preisobergrenze bezüglich eines bestimmten $Z\text{-}TVV_i$ ist analog zu (6-6) dessen Anteil an den Gesamtkosten. Der Gesamterlös des X-TVV aus der Bereitstellung des Signals für Kurzberichte wird also geringer sein als die Kosten einer Zweitproduktion. Je mehr Z-TVV die Signale vom Hauptrechteinhaber erwerben, desto geringer wird die Wahrscheinlichkeit, daß überhaupt noch eine separate Signalproduktion nach Artikel 10 e des Staatsvertrages erfolgt.

Diese Tendenz wird verstärkt durch zwei weitere Überlegungen. Der Hauptrechteinhaber hat im Unterschied zu einem eventuellen Zweitproduzenten die Möglichkeit, den anderen Fernsehveranstaltern auch längere Berichte als 1:30 Minuten zuzugestehen. Bei der Mehrzahl der Sportereignisse - insbesondere bei allen weniger zusammenfassungsgeeigneten Sportarten - wird er dies anbieten, gegebenenfalls gegen die Zusicherung gewisser Karenzzeiten zwischen der eigenen Coverage und der Ausstrahlung der Berichte in anderen Programmen.

Der Sportveranstalter könnte das vorher genannte Kalkül, welches auf der Teilung der Produktionskosten einer einzigen Zweitproduktion zu Kurzberichts-Zwecken beruhte, wesentlich verändern, wenn er nach Artikel 10 e Abs. 1 mehrere Fernseh-Teams zur Kurzberichts-Produktion zuläßt. Dies wird räumlich in vielen Fällen in mehr oder minder großem Umfang möglich sein, vor allem bei Freiluft-Sportarten. Dadurch steigen die Kosten insgesamt und verändern für jeden einzelnen Kurzberichts-Interessenten die Entscheidungsparameter. Bei Zulassung aller angemeldeten Fernsehveranstalter wären wir wieder bei der in Abschnitt 6.3.2 erörterten Situation für jeden einzelnen Z-TVV.[30]

Nach einer Anfangsphase werden derartige Kalküle der einzelnen Beteiligten jedoch allenfalls im Hintergrund eine Rolle spielen. Zu erwarten ist vielmehr, daß der Hauptrechteinhaber mit den anderen Fernsehveranstaltern für längere Perioden[31] Verträge über die Weitergabe der Signale schließt, die die Eigenproduktion zu Kurzberichts-Zwecken überflüssig machen. Damit hätte sich die ökonomisch effiziente Lösung auch tatsächlich durchgesetzt, da die Produktionskosten für das Bildmaterial nur einmal aufgewendet werden.

6.4 *Fazit zum Vergleich der alternativen Regelungen*

In einem Fernsehsystem mit mehreren selbständigen Fernsehveranstaltern wird es grundsätzlich ein Angebot und eine Nachfrage nach Sport-Kurzberichten geben. Bei kommerzieller Kontrahierung wird in aller Regel der Inhaber der Hauptrechte die Signale produzieren und diese zusammen mit den Rechten zur Kurzberichts-Ausstrahlung an andere Fernsehveranstalter weiterverkaufen.

30 Artikel 10 e Abs. 2 sieht eine Signalweitergabe nur für solche Fernsehveranstalter vor, die nicht zugelassen werden konnten. Ansonsten gelten die Rechte nach Artikel 10 a Abs. 1 nur für »Fernsehveranstalter zu eigenen Sendezwecken«.

31 Z.B. für ein Jahr oder für die Laufzeit des Hauptrechts-Vertrages.

Die Preise für Kurzberichte hängen vom Nachrichtenwert, von der Wichtigkeit und Attraktivität des jeweiligen Sportereignisses ab. Obwohl der Hauptrechteinhaber im Einzelfall Angebotsmonopolist ist, wird bei »normalen« fernsehrelevanten Sportereignissen der Preis moderat sein, da jeder Fernsehveranstalter relativ problemlos auf den Ankauf verzichten bzw. durch einen anderen Kurzbericht ersetzen könnte. Kurzberichts-Material von verschiedenen Sportveranstaltungen eines Tages steht diesbezüglich in Konkurrenz. Da die Grenzkosten null sind, wird das Erlös-Interesse des X-TVV für akzeptable Preise sorgen.
Für die Kurzberichte von Spitzen-Ereignissen, bei denen die anderen Fernsehveranstalter eine Berichterstattung in ihrem Programm als unverzichtbar ansehen, werden die Preise und damit die Erlöse des Hauptrechteinhabers deutlich höher sein.
Nur der letztgenannte Fall der Sport-Spitzenereignisse wird durch ein Recht auf unentgeltliche Kurzberichterstattung tangiert. Nur hier wäre es gegebenenfalls einzelwirtschaftlich rational, die Kosten einer separaten Kurzberichts-Produktion aufzuwenden. Die für den Hauptrechteinhaber durch Signalverkauf erzielbaren Erlöse wären nach oben durch die Höhe der alternativen Produktionskosten begrenzt. Das heißt, er würde den anderen Fernsehveranstaltern die Signale zu einem Preis offerieren, daß für diese eine eigene Zweitproduktion nicht lohnend wäre.
Sofern diese Erlöse niedriger sind als die entsprechenden Umsätze bei kommerzieller Kontrahierung tritt eine entsprechende Minderung des Wertes der Hauptrechte ein. Quantitativ wird dies die Zahlungsbereitschaft für Sport-Fernsehlizenzen allerdings kaum beeinträchtigen, weil das finanzielle Volumen von Kurzberichten in Relation zum jeweiligen Gesamtpaket der Fernsehrechte unbedeutend ist.
Ein anderer wirtschaftlicher Effekt für die Hauptrechteinhaber könnte darin bestehen, daß durch Kurzberichte in anderen Programmen das Interesse von privaten Fernsehveranstaltern durchkreuzt wird, die Verkabelungsbereitschaft der Haushalte in der Bundesrepublik zu erhöhen, sich als »Sportsender« zu profilieren etc. Ein solcher Effekt ist schon deshalb nicht plausibel, weil 90-Sekunden-Berichte zeitlich viel zu kurz sind, als daß sie derartige Entscheidungen der Zuschauer beeinflussen oder das Image eines anderen Programms tangieren könnten.
Ähnliches gilt für die Möglichkeit, daß einzelne Fernsehveranstalter deshalb nicht am Nachfrage-Wettbewerb um Hauptrechte teilnehmen, weil sie Kurzberichte ausstrahlen können. Abgesehen davon, daß die meisten Kurzberichte auch ohne die staatsvertragliche Regelung ausgestrahlt würden, stellen Lang-Coverage und Kurzbericht für einen Fernsehveranstalter keine Substitute dar.

Aber selbst dann, wenn Letzteres nicht gelten würde, wäre der Preis für ein Hauptrecht nur dann davon tangiert, wenn dadurch ausgerechnet *diejenigen* Programmveranstalter als Nachfrager ausfallen, die sonst die höchste Zahlungsbereitschaft gehabt hätten.

Als realer Effekt zur Verringerung der Zahlungsbereitschaft für Hauptrechte verbleibt also die Entstehung von Quasikosten durch Einschaltquoten-Minderung bei einer speziellen Konstellation von Faktoren. Wie in Kapitel 4 ausgeführt wurde, sind solche Effekte möglich, wenn folgende Bedingungen erfüllt sind:

1. Es handelt sich um eine zusammenfassungsgeeignete Sportart, das heißt die Zuschauer-Interessen konzentrieren sich auf wenige Höhepunkte, so daß wesentliche Bedürfnisse durch Kurzberichte bereits befriedigt werden können.[32]
2. Die Nutzung der Hauptrechte erfolgt durch zeitversetzte Übertragungen oder Berichte.
3. Die Kurzberichte werden zeitlich vor der Hauptcoverage gesendet, haben somit eine höhere Aktualität und liefern bereits wesentliche Informationen über konsumrelevante Merkmale.[33]
4. Die Effekte werden durch eine Kumulation verstärkt, das heißt wenn mehrere Kurzberichte von verschiedenen, ähnlichen Ereignissen kumulativ hintereinander gesendet werden. Eine Kumulation setzt voraus, daß mehrere Sportereignisse der gleichen Art in einem engen zeitlichen Kontext stattfinden, was mit Ausnahme von Liga-Spieltagen und Turnieren relativ selten der Fall ist. Außerdem sind meistens nur wenige dieser Parallelereignisse für die Zuschauer attraktiv.

Bei einem erheblichen Teil derjenigen Sportereignisse, bei denen diese Bedingungen erfüllt sein können,[34] wird der Hauptrechteinhaber aufgrund seiner starken Stellung bezüglich des Signalverkaufs in der Lage sein, die *vorherigen* Kurzberichte durch vertragliche Vereinbarungen mit den Fernsehveranstaltern zu vermeiden, indem er die Vergabe der Signale von einem zeitlichen Abstand

32 Dagegen sind Nachrichtenfilme im Umfang von 1:30 Minuten bei unterhaltungsorientierten Sportarten in jedem Fall zu kurz, um die Zuschauer-Interessen zu befriedigen. Hier werden die Kurzberichte Reklame-Effekte erzeugen und damit die Einschaltquoten der Hauptcoverage eher erhöhen. Das Gleiche gilt, wenn die Kurzberichte inhaltlich die Attraktivität der betreffenden Sportereignisse zeigen.

33 Dies gilt insbesondere dann, wenn der Kurzbericht die mäßige Qualität des Sportereignisses zeigt, die vom Zuschauer bevorzugte Mannschaft verloren hat etc.

34 Der einzige gegenwärtig für die Bundesrepublik relevante Fall, bei dem ein Zusammentreffen dieser Faktoren erwartet werden kann, ist die Fußball-Bundesliga-Berichterstattung, da hier auch der Hauptrechte-Inhaber aus vertraglichen Gründen Samstags nicht vor 18.20 Uhr beginnen darf.

abhängig macht. In anderen Fällen wird er durch entsprechende eigene Programmplanung den Voraufführungs-Effekt durch Kurzberichte in anderen Programmen verhindern können.
Für die große Mehrzahl aller Sportsendungen ist kein negativer Zusammenhang zwischen Kurzberichten und den Einschaltquoten der Programme der Hauptrechteinhaber zu erwarten. Dies gilt vor allem für Live-Übertragungen, die die finanziell und redaktionell bedeutsamsten Nutzungsformen von TV-Hauptrechten insbesondere für werbefinanzierte Programmveranstalter sind. Da Kurzberichte den Live-Übertragungen gegenüber in der Regel nachträglich gesendet werden und somit geringere Aktualität haben, sind keine negativen Einschaltquoten-Effekte zu erwarten. Bei Liga- und Serien-Ereignissen werden längerfristig die Reklame-Effekte von Kurzberichten überwiegen, da diese die Zuschauer auf attraktive Sportsendungen aufmerksam machen.
Welche Auswirkungen ergeben sich für die Sportveranstalter? Für die Erlöse der Sportveranstalter aus der Vergabe von TV-Lizenzen können wir - gegebenenfalls mit gewissen Modifikationen bei der genannten Konstellation von Bedingungen - sagen, daß diese durch das geplante Recht auf freie Kurzberichterstattung nicht vermindert werden.
Außerdem hatten wir in Kapitel 3 festgestellt, daß von Kurzberichten keine nachfragemindernden Effekte auf den Stadionbesuch ausgehen. Stattdessen entstehen in vielen Fällen Reklame-Effekte, die tendenziell die Stadion-Nachfrage erhöhen. Das heißt, die Erlöse der Sportveranstalter aus Ticketverkäufen werden durch Kurzberichte eher gesteigert. Befürchtungen von Sportveranstaltern, daß Kurzberichte ihre Zuschauerzahlen reduzierten, entbehren jeder Grundlage.
Wir haben in Kapitel 5 gesehen, daß der Wert der Sponsorwerbung erheblich steigt, wenn das Fernsehen die entsprechenden Werbebotschaften multipliziert. In diesem Wirkungszusammenhang hat der Sportveranstalter also ein starkes Interesse an TV-Coverage. Dies gilt grundsätzlich auch für Kurzberichte - wenngleich in vermindertem Umfang wegen der zeitlichen Restriktionen. Aufgrund der geringeren Selektion nach spezifischen Sportinteressen erreichen Kurzberichte, die im allgemeinen in Nachrichtensendungen und Sportmagazinen ausgestrahlt werden, einen breiteren Adressatenkreis als Lang-Übertragungen. Wenn die Hauptrechte von Fernsehprogrammen mit eingeschränkten technischen Reichweiten genutzt werden, bewirken zusätzliche Kurzberichte in flächendeckenden Programmen auch eine Erweiterung des Publikums für die jeweilige Sponsorwerbung. Wir sehen also, daß auch die Kurzberichte bezüglich ihrer Verbreitungswirkung der Sponsorwerbung im wirtschaftlichen Interesse der Sportveranstalter liegen.

7. Kurze Zusammenfassung

Die Bundesländer haben am 15. März 1990 einen Staatsvertrag unterzeichnet, der ein Recht auf unentgeltliche Kurzberichterstattung über öffentliche Veranstaltungen gesetzlich regelt, was insbesondere für Sportereignisse Bedeutung hat. Dieser schreibt für jeden Fernsehveranstalter ein Zutrittsrecht in die Sportstätten zur Eigenproduktion der entsprechenden Signale fest.

Ziel der Studie ist die Klärung der Frage, ob und gegebenenfalls in welcher Weise dadurch die wirtschaftlichen Interessen der Sportveranstalter und der TV-Hauptrechteinhaber tangiert werden, d.h. es sind primär die Einflüsse von Kurzberichten auf Einschaltquoten, Sportstättenbesuch und Werbeerlöse zu untersuchen.

Die Basis der Antworten auf diese Fragen liegt bereits in der Tatsache, daß jeder Kurzbericht per Legaldefinition Nachrichten-Charakter hat und in der Regel eine Länge von 90 Sekunden nicht überschreiten darf. Dies verhindert nennenswerte Konsumsubstitutionseffekte, insbesondere was Unterhaltungsinteressen der Zuschauer betrifft. Die wesentlichen Ergebnisse lassen sich verkürzt in 6 Thesen zusammenfassen:

1. Zwischen TV-Sport und dem Besuch der Sportstätten bestehen nur geringe Substitutionsbeziehungen. Bezüglich eineinhalbminütiger Kurzberichte sind solche Effekte irrelevant. Wegen der Selektion der attraktivsten Szenen von Top-Sportveranstaltungen haben Kurzberichte Merkmale von Werbespots für Sportarten und Serien von Sportereignissen. Längerfristig überwiegen für die allermeisten Sportveranstalter die Reklame-Effekte von Kurzberichten für den Sportstättenbesuch.
2. Eine bedeutende Erlösquelle für Sportveranstalter ist die Werbung. Die diesbezüglichen Einnahmen sind in hohem Maße von der Multiplikation der Werbebotschaften durch das Fernsehen abhängig. Wenngleich die Werbung aus quantitativen Gründen in erster Linie auf längere Sportübertragungen abzielt, so gelten die gleichen Zusammenhänge tendenziell auch für Kurzberichte. Da deren Publikum in der Regel weniger nach spezifischen Sportinteressen selektiert ist, werden zusätzliche Personengruppen erreicht.
3. Bezüglich der Wirkung von Kurzberichten auf die Einschaltquoten der TV-Hauptrechteinhaber sind die Sachverhalte etwas komplizierter. Bezüglich Live-Übertragungen, die die wichtigste Nutzungsform von Fernsehrechten

darstellt, werden Kurzberichte in aller Regel nachträglich gesendet. Wegen geringerer Aktualität und Länge werden potentielle Live-Zuschauer einen späteren Kurzbericht nicht als Substitut betrachten. Ein Einschaltquoten-Effekt von Kurzberichten auf Live-Übertragungen ist vernachlässigbar gering. Für Serienereignisse entstehen dagegen häufig Reklame-Effekte.

4. Nennenswerte Einschaltquoten-Effekte sind nur bei einer speziellen Konstellation von Faktoren möglich, und zwar, wenn (a) der Hauptrechteinhaber selbst deutlich zeitversetzt berichtet und der Kurzbericht vorher gesendet wird, und (b) es sich um eine zusammenfassungsgeeignete Sportart handelt, d.h. das Interesse sich auf das Ergebnis und wenige Höhepunkte konzentriert. Allerdings wird ein Teil dieses Effektes bereits durch einfache, filmlose Nachrichten erzeugt.
5. Für die Mehrzahl der Sportereignisse, insbesondere für alle höhepunktreichen und unterhaltungsorientierten Sportarten sind keine negativen Auswirkungen auf die Einschaltquoten der Hauptsendungen oder die sonstigen wirtschaftlichen Interessen der Fernseh- oder Sportveranstalter zu erwarten.
6. Die staatsvertragliche Regelung betrifft nicht die Rechte an den Fernsehsignalen. Die Produktionskosten für Sportsendungen sind weitgehend ereignisfix, was impliziert, daß Kurzberichte hohe Kosten pro Sendeminute aufweisen. Diese werden für die einzelnen Fernsehveranstalter nur in wenigen Fällen redaktionell vertretbar sein. Der Normalfall wird im Ankauf der Fernsehsignale vom Hauptrechteinhaber bestehen, der dann seinerseits die Vergabe der Signalrechte von Karenzzeiten der Nutzung abhängig machen könnte, falls er im Einzelfall Einschaltquoten-Effekte befürchten sollte. Somit ist der tatsächliche Unterschied zu einer rein kommerziellen Kontrahierung allenfalls gering.

8. Anhang: Text des Staatsvertrages zur Kurzberichterstattung und Begründung

Erster Staatsvertrag
zur Änderung des Rundfunkstaatsvertrages
(Staatsvertrag zur Fernsehkurzberichterstattung)

Das Land Baden-Württemberg,
der Freistaat Bayern,
das Land Berlin,
die Freie Hansestadt Bremen,
die Freie und Hansestadt Hamburg,
das Land Hessen,
das Land Niedersachsen,
das Land Nordrhein-Westfalen,
das Land Rheinland-Pfalz,
das Saarland und
das Land Schleswig-Holstein

schließen nachstehenden

Staatsvertrag

Artikel I
Änderungen

Der Staatsvertrag über die Neuordnung des Rundfunkwesens (Rundfunkstaatsvertrag) vom 1./3. April 1987 wird wie folgt geändert:
Nach Artikel 10 werden folgende Artikel 10 a bis 10 f eingefügt:

»Artikel 10 a
Recht auf unentgeltliche Kurzberichterstattung

(1) Das Recht auf unentgeltliche Kurzberichterstattung über Veranstaltungen und Ereignisse, die öffentlich zugänglich und von allgemeinem Informationsinteresse sind, steht jedem in Europa zugelassenen Fernsehveranstalter zu eigenen Sendezwecken zu. Dieses Recht schließt die Befugnis zum Zugang, zur kurzzeitigen Direktübertragung, zur Aufzeichnung, zu deren Auswertung zu einem einzigen Beitrag und zur Weitergabe unter den Voraussetzungen der Artikel 10 a Absatz 2 bis Artikel 10 f ein.

(2) Anderweitige gesetzliche Bestimmungen, insbesondere solche des Urheberrechts und des Persönlichkeitsschutzes, bleiben unberührt.
(3) Auf die Kirchen und auf andere Religionsgemeinschaften sowie deren Einrichtungen mit entsprechender Aufgabenstellung findet Absatz 1 keine Anwendung.

Artikel 10 b
Art und Dauer der Kurzberichterstattung

Die unentgeltliche Kurzberichterstattung ist auf eine dem Anlaß entsprechende nachrichtenmäßige Kurzberichterstattung beschränkt. Die zulässige Dauer bemißt sich nach der Länge der Zeit, die notwendig ist, um den nachrichtenmäßigen Informationsgehalt der Veranstaltung oder des Ereignisses zu vermitteln. Bei kurzfristig und regelmäßig wiederkehrenden Veranstaltungen vergleichbarer Art beträgt die Obergrenze der Dauer in der Regel eineinhalb Minuten. Werden Kurzberichte über Veranstaltungen vergleichbarer Art zusammengefaßt, muß auch in dieser Zusammenfassung der nachrichtenmäßige Charakter gewahrt bleiben.

Artikel 10 c
Grenzen der Ausübung

Das Recht auf Kurzberichterstattung muß so ausgeübt werden, daß vermeidbare Störungen der Veranstaltung oder des Ereignisses unterbleiben. Der Veranstalter kann die Übertragung oder die Aufzeichnung einschränken oder ausschließen, wenn anzunehmen ist, daß sonst die Durchführung der Veranstaltung in Frage gestellt oder das sittliche Empfinden der Veranstaltungsteilnehmer gröblich verletzt würden. Das Recht auf Kurzberichterstattung ist ausgeschlossen, wenn Gründe der öffentlichen Sicherheit und Ordnung entgegenstehen und diese das öffentliche Interesse an der Information überwiegen. Unberührt bleibt im übrigen das Recht des Veranstalters, die Übertragung oder die Aufzeichnung der Veranstaltung insgesamt auszuschließen.

Artikel 10 d
Eintrittsgeld, Ersatz der notwendigen Aufwendungen, Anmelde- und Rückmeldefristen

(1) Für die Ausübung des Rechts auf Kurzberichterstattung kann der Veranstalter das allgemein vorgesehene Eintrittsgeld verlangen; im übrigen ist ihm Ersatz seiner notwendigen Aufwendungen zu leisten, die durch die Ausübung des Rechts entstehen.
(2) Die Ausübung des Rechts auf Kurzberichterstattung setzt eine Anmeldung des Fersehveranstalters bis spätestens zehn Tage vor Beginn der Veran-

staltung beim Veranstalter voraus. Dieser hat spätestens fünf Tage vor dem Beginn der Veranstaltung den anmeldenden Fernsehveranstaltern mitzuteilen, ob genügend räumliche und technische Möglichkeiten für eine Übertragung oder Aufzeichnung bestehen. Bei kurzfristigen Veranstaltungen und bei Ereignissen haben die Anmeldungen zum frühestmöglichen Zeitpunkt zu erfolgen.

Artikel 10 e

Begrenzte Kapazitäten, Vorrangregelungen

(1) Reichen die räumlichen und technischen Gegebenheiten für eine Berücksichtigung aller Anmeldungen nicht aus, haben zunächst die Fernsehveranstalter Vorrang, die vertragliche Vereinbarungen mit dem Veranstalter oder dem Träger des Ereignisses geschlossen haben. Darüber hinaus steht dem Veranstalter oder dem Träger des Ereignisses ein Auswahlrecht zu. Dabei sind zunächst solche Fernsehveranstalter zu berücksichtigen, die eine umfassende Versorgung des Landes sicherstellen, in dem die Veranstaltung oder das Ereignis stattfindet.

(2) Fernsehveranstalter, die die unentgeltliche Kurzberichterstattung wahrnehmen, sind verpflichtet, das Signal und die Aufzeichnung unmittelbar denjenigen Fernsehveranstaltern gegen Ersatz der angemessenen Aufwendungen zur Verfügung zu stellen, die nicht zugelassen werden konnten.

(3) Trifft der Veranstalter oder der Träger eines Ereignisses eine vertragliche Vereinbarung mit einem Fernsehveranstalter über eine Berichterstattung, hat er dafür zu Sorge zu tragen, daß mindestens ein anderer Fernsehveranstalter eine Kurzberichterstattung wahrnehmen kann.

Artikel 10 f

Vernichtungsgebot

Die für die Kurzberichterstattung nicht verwerteten Teile sind spätestens drei Monate nach Beendigung der Veranstaltung oder des Ereignisses zu vernichten; die Vernichtung ist dem betreffenden Veranstalter oder Träger des Ereignisses schriftlich mitzuteilen. Die Frist wird durch die Ausübung berechtigter Interessen Dritter unterbrochen.

Artikel II

Inkrafttreten, Übergangsbestimmung

(1) Die Ausübung des Rechts auf unentgeltliche Kurzberichterstattung ist ausgeschlossen bei Veranstaltungen, die vor dem 1. Januar 1990 Gegenstand vertraglicher exklusiver Regelungen geworden sind.

(2) Dieser Staatsvertrag tritt am ersten Tag des Monats in Kraft, der auf den Monat folgt, in dem die letzte der von den Vertragsländern ausgefertigten Rati-

fikationsurkunden bei der Staatskanzlei des Vorsitzenden der Ministerpräsidentenkonferenz hinterlegt ist.
(3) Die Staatskanzlei des Vorsitzenden der Ministerpräsidentenkonferenz teilt den Ländern die Hinterlegung der Ratifikationsurkunden mit.
Bonn, den 15. März 1990
Für das Land Baden-Württemberg: Lothar Späth
Bonn, den 15. März 1990
Für den Freistaat Bayern: Max Streibl
Bonn, den 15. März 1990
Für das Land Berlin: Walter Momper
Bonn, den 15. März 1990
Für die Freie Hansestadt Bremen: Klaus Wedemeier
Bonn, den 15. März 1990
Für die Freie und Hansestadt Hamburg: Ingo v. Münch
Bonn, den 15. März 1990
Für das Land Hessen: Walter Wallmann
Bonn, den 15. März 1990
Für das Land Niedersachsen: Ernst Albrecht
Bonn, den 15. März 1990
Für das Land Nordrhein-Westfalen: Johannes Rau
Bonn, den 15. März 1990
Für das Land Rheinland-Pfalz: Carl-Ludwig Wagner
Bonn, den 15. März 1990
Für das Saarland: Hans Kasper
Bonn, den 15. März 1990
Für das Land Schleswig-Holstein: Marianne Tidick

Begründung
zum Ersten Staatsvertrag zur Änderung des Rundfunkstaatsvertrages vom 1./3. April 1987 (Staatsvertrag zur Fernsehkurzberichterstattung)

A. Allgemeines

Die Regierungschefs haben am 21. Dezember 1989 Einvernehmen über einen Staatsvertrag zum Recht der Kurzberichterstattung im Fernsehen erzielt. Der Staatsvertrag wurde am 15. März 1990 unterzeichnet.
Dieser Staatsvertrag ist die erste Änderung des Anfang 1987 unterzeichneten Rundfunkstaatsvertrages. Sie wurde erforderlich, nachdem in der Praxis wie-

derholt Unsicherheiten bei der rechtlichen Beurteilung des Rechts auf Information und Berichterstattung in den Fällen festzustellen waren, in denen exklusive Verwertungsrechte vereinbart worden waren. Besonders deutlich ist dies bei der Berichterstattung über Sportveranstaltungen geworden. Anhaltspunkte dafür, daß im Interesse einer konfliktfreien Berichterstattung eine gesetzliche Regelung erforderlich ist, haben sich allerdings auch in anderen Bereichen ergeben, so bei der Berichterstattung über Ereignisse; im Falle des Grubenunglücks von Lengede hat dies bereits zu einem Rechtsstreit vor dem Bundesgerichtshof geführt.

Die Regelungen in diesem Staatsvertrag beziehen sich daher nicht nur auf Sportveranstaltungen, sondern auch auf alle Veranstaltungen und Ereignisse, die öffentlich zugänglich und von allgemeinem Informationsinteresse sind. Die Regelung läßt allerdings anderweitige gesetzliche Bestimmungen, insbesondere solche des Urheberrechts und des Rechts des Persönlichkeitsschutzes unberührt. Dies wird vor allem bei kulturellen Veranstaltungen zu beachten sein.

Das Recht auf unentgeltliche Kurzberichterstattung stellt eine Inhaltsbestimmung des Eigentums im Sinne des Artikels 14 des Grundgesetzes dar. Es ist durch Gründe des öffentlichen Interesses gerechtfertigt und berücksichtigt den Grundsatz der Verhältnismäßigkeit. Es ist zugleich Ausdruck der in Artikel 5 des Grundgesetzes geschützten Freiheit der Berichterstattung auch durch Rundfunk und des gleichermaßen geschützten Prozesses freier Meinungsbildung.

Der Staatsvertrag regelt nur die unentgeltliche Kurzberichterstattung im Fernsehen und nicht auch die Hörfunk-Berichterstattung. Ist die Befugnis zum Zugang zu öffentlichen Veranstaltungen und Ereignissen bei Hörfunk und Fernsehen zwar noch gleich zu beurteilen, so weichen doch weitere Einzelheiten der Hörfunk-Berichterstattung erheblich von den Modalitäten der Kurzberichterstattung im Fernsehen ab. So wird beispielsweise die für die Berichterstattung im Fernsehen vorgesehene, zeitlich grundsätzlich sehr begrenzte Dauer der Kurzberichterstattung der besonderen Situation im Hörfunk nicht gerecht. Anders als beim Fernsehen geht es beim Hörfunk nicht um die Übermittlung von Bildern, sondern um die Vermittlung eines Geschehens, die wesentlich durch die persönliche Leistung des Hörfunkreporters gekennzeichnet ist. In dieser Beziehung ähnelt die Berichterstattung im Hörfunk der Presseberichterstattung. Dies muß sich auch in der Dauer einer unentgeltlichen Kurzberichterstattung ausdrücken.

Mit dem Staatsvertrag wird zugleich dem Auftrag des Artikels 9 des »Europäischen Übereinkommens über grenzüberschreitendes Fernsehen« (Europarat-Konvention) entsprochen, wonach bei Bestehen exklusiver Senderechte jede Vertragspartei der Konvention die rechtlichen Maßnahmen zu prüfen hat, mit denen das Recht der Öffentlichkeit auf Information über bedeutende Ereignisse sichergestellt werden kann.

B. Zu den einzelnen Bestimmungen

Zu Artikel I:

Zu Artikel 10 a:

Die Bestimmung stellt den Inhalt des Rechts auf nachrichtenmäßige Kurzberichterstattung fest. Der Kreis der berechtigten Fernsehveranstalter geht über den Bereich der Bundesländer hinaus und umfaßt im Zuge der Europäisierung des Rundfunks sämtliche Fernsehveranstalter in Europa. Andererseits konnte er aus Praktikabilitätsgründen und zum Schutze des Veranstalters oder Ereignisträgers nicht uneingeschränkt bleiben.
Eine Beschränkung etwa nur auf Fernsehveranstalter in den EG-Mitgliedstaaten wäre nicht sachdienlich. Für den Bereich des europäischen Rundfunks sind die durch die EG-Mitgliedstaaten gezogenen Grenzen schon heute viel zu eng. Die technische Leistungsfähigkeit der Satelliten geht weit darüber hinaus. Hinzu kommt, daß aus der Sicht der Länder die Schweiz und Österreich aus Sprachgründen in die Regelung einbezogen werden müssen. Beide Staaten sind jedoch nicht Mitglieder der EG.
Der für die Fernsehberichterstattung sachgerechte räumliche Geltungsbereich wird daher am besten durch die Staaten Europas gebildet.
Die Ausübung des Rechts auf Kurzberichterstattung darf nur zu eigenen Sendezwecken erfolgen. Unzulässig ist beispielsweise die Verfügung über dieses Recht zugunsten Dritter oder die vollständige oder teilweise Weitergabe des Signals; eine Ausnahme ist nach Artikel 10 e nur für den Fall begrenzter Kapazitäten vorgesehen.
Das Recht auf Kurzberichterstattung enthält nur einen Mindestanspruch. Er besteht unabhängig davon, daß ein Veranstalter oder ein Träger eines Ereignisses die Übertragungs- oder Verwertungsrechte exklusiv vergeben hat. Weitergehende Rechte zur Berichterstattung im Fernsehen werden durch diese Regelung nicht beschränkt oder gar ausgeschlossen.
Für eine Berichterstattung, die sich innerhalb der Grenzen der nachrichtenmäßigen Kurzberichterstattung bewegt, braucht dem Veranstalter oder dem Ereignisträger mit Ausnahme des nach Artikel 10 d Absatz 1 zu zahlenden Eintrittsgeldes und Aufwendungsersatzes kein Entgelt gezahlt zu werden. Insofern ist das Recht auf nachrichtenmäßige Kurzberichterstattung als Bestimmung

des Inhalts des Eigentums anzusehen. Es ist das Charakteristikum einer sozialbindenden, also allgemein eigentumsbegrenzenden Normierung, daß sie keinem Entgeltzwang unterliegt.
Das Recht bezieht sich auf »Veranstaltungen« und »Ereignisse«. Der begriffliche Unterschied besteht darin, daß es sich bei »Veranstaltungen« um organisierte, vorher bestimmte Zusammenkünfte handelt (z.B. Sportveranstaltungen, Theaterpremieren, Ausstellungseröffnungen), bei »Ereignissen« um sonstige, insbesondere unvorhersehbare Geschehnisse (z.B. Grubenunglück). Da einige Bestimmungen des Rechts auf Kurzberichterstattung sich nur auf Veranstaltungen beziehen, kommt dieser Unterscheidung nicht nur begriffliche, sondern auch materielle Bedeutung zu. Falls Mischformen auftreten, ist auf den überwiegenden Charakter abzustellen.
Die Veranstaltung oder das Ereignis müssen öffentlich zugänglich sein. Einzelheiten des Zugangsrechts des Fernsehveranstalters sind in Artikel 10 c geregelt.
Die Ausübung des Rechts auf Kurzberichterstattung hängt nicht davon ab, daß es sich um eine Veranstaltung oder ein Ereignis von besonderem Informationswert handelt. Ein beim Publikum zu vermutendes allgemeines Informationsinteresse reicht aus. Eine Berichterstattung nur für den Fall eines besonderen Informationsinteresses würde weder dem Informationsbedürfnis des Bürgers noch dem Stellenwert gerecht, der dem Fernsehen heute bei der Informationsvermittlung zukommt. Das Massenmedium Fernsehen hat sich zu einer der wichtigsten allgemein zugänglichen Quellen für die individuelle Informationsbeschaffung entwickelt. Ohne allgemeine Berichterstattung im Fernsehen sind daher freie Meinungsbildung und Informationsfreiheit in ihrer heutigen Ausgestaltung nicht mehr denkbar.
Die Befugnis zum Zugang bezieht sich auf die Bereiche des Veranstaltungs- und Ereignisortes, die üblicherweise und generell für eine angemessene Ausübung der Berichterstattung in Frage kommen. Dazu gehören bei Sportveranstaltungen die Tribünen, besondere Plätze oder Kabinen, die speziell für die Berichterstattung vorgehalten werden, auch der Innenraum der Sportstätte, soweit üblicherweise auch von dort Fernsehbilder übertragen werden, Stellflächen und Verbindungswege für die notwendige technische Sende- und Aufzeichnungstechnik des Fernsehveranstalters, z. B. für einen Übertragungswagen, für Aufnahmekameras oder Kabelverbindungen.
Das Zugangsrecht umfaßt auch die Befugnis, Anschlüsse für die Energieversorgung oder Sende-Einspeisepunkte zu benutzen, soweit derartige Anschlüsse für Zwecke der Berichterstattung vorgehalten werden. Grundsätzlich ist hinsichtlich des Zugangs zu und der Nutzung von Einrichtungen der Fernsehveranstalter wie derjenige Nutzer zu stellen, mit dem der Veranstalter oder

der Ereignisträger eine vertragliche Vereinbarung treffen könnte oder getroffen hat.

Unterschiede können sich allenfalls in quantitativer Hinsicht ergeben: Da das Recht auf Kurzberichterstattung nur eine vergleichsweise begrenzte Berichterstattungsdauer zuläßt, die Berichterstattung überdies nachrichtenmäßig sein muß, braucht in der Regel nicht der Aufnahmeaufwand betrieben zu werden, der bei einer längeren Übertragung üblich ist. Dies betrifft beispielsweise die Zahl der einzusetzenden Aufnahmekameras. Aus der Übertragung oder Aufzeichnung nur für Zwecke der nachrichtenmäßigen Kurzberichterstattung kann sich zumindest bei Veranstaltungen, die nicht von herausragendem Informationsinteresse sind, die Notwendigkeit eines nur verhältnismäßigen Einsatzes von Kameras ergeben.

Die Befugnis zum Zugang besteht bis zum Ende der Veranstaltung oder des Ereignisses. Enthält eine Veranstaltung mehrere selbständige Handlungsabschnitte - z.B. ein über mehrere Tage angesetztes Tennisturnier -, gilt als Veranstaltung jeder Handlungsabschnitt, für den der Veranstalter ein Eintrittsgeld vorgesehen hat.

Grundsätzlich kann die Kurzberichterstattung nach Wahl des Fernsehveranstalters durch kurzzeitige Direktübertragung oder durch Aufzeichnung der Veranstaltung oder des Ereignisses mit anschließender Auswahl der für die nachrichtenmäßige Information erheblichen Teile erfolgen. Bei Veranstaltungen wird in der Praxis die zweite Alternative überwiegen. Da es nicht um die Übermittlung von Szenen und Bildern an sich, sondern um Bilder mit Informations- und Nachrichtenwert geht, außerdem nur eine sehr begrenzte Zeit zur Verfügung steht, wird eine Aufzeichnung mit anschließender Auswahl die Regel sein. Der Fernsehveranstalter läuft überdies durch eine zeitgleiche Übertragung Gefahr, seinen Anspruch auf Kurzberichterstattung vorschnell zu verbrauchen.

Anders kann die Situation bei Ereignissen sein: Hier dürfte es oftmals im Interesse der Aktualität der Information sinnvoll sein, unmittelbar über das Geschehen und dessen weiteren Ablauf zeitgleich zu unterrichten.

Der Anspruch auf nachrichtenmäßige Kurzberichterstattung ist durch das erstmalige Senden der Nachricht nicht verbraucht. Solange ein Fernsehveranstalter davon ausgehen kann, daß die Unterrichtung über die Veranstaltung oder das Ereignis beim Publikum noch von allgemeinem Informationsinteresse ist, kann sie nachrichtenmäßig wiederholt werden. Allerdings ist es nicht zulässig, dann andere als die Bewegtbilder der ersten Ausstrahlung zu verwenden.

Gemäß Absatz 2 bleiben anderweitige gesetzliche Bestimmungen von diesem Staatsvertrag unberührt. Dies trifft insbesondere auf die Bestimmung in § 50 des Urheberrechtsgesetzes zu, die bei urheberrechtlich geschützten Werken

besondere Wiedergabemodalitäten vorschreibt. Unberührt bleiben auch andere einschlägige Bestimmungen, etwa Bestimmungen des Persönlichkeitsschutzes, des Gesetzes gegen unlauteren Wettbewerb oder des Gesetzes gegen Wettbewerbsbeschränkungen.
Einem Fernsehveranstalter bleibt es unbenommen, unbeschadet seines Rechtes auf Kurzberichterstattung abweichende vertragliche Regelungen mit dem Veranstalter oder dem Ereignisträger zu vereinbaren. Dies wird insbesondere dann der Fall sein, wenn ein Fernsehveranstalter sich nicht auf nachrichtenmäßige Kurzberichte beschränken, sondern ausführlichere Berichte senden möchte. Wie auch schon nach der bisherigen Praxis wird für derartige Vereinbarungen dann auch ein Entgelt zu zahlen sein.
Die Regelung in Absatz 3 berücksichtigt die staatsfreie Eigenständigkeit der organisierten Kirchen und anderer Religionsgemeinschaften im Bereich der kirchlichen Betätigung; diese Rechtsstellung ist durch Artikel 140 des Grundgesetzes in Verbindung mit Artikel 137 der Weimarer Verfassung garantiert.

Zu Artikel 10 b:

Artikel 10 b charakterisiert die Kurzberichterstattung als nachrichtenmäßig und enthält Bestimmungen zu ihrer Dauer auch im Falle der Kumulation von Berichten über Veranstaltungen vergleichbarer Art.
Die Abwägung der Berichterstattungs- und der Meinungsbildungsfreiheit nach Artikel 5 des Grundgesetzes mit dem nach Artikel 14 geschützten Verwertungsrecht des Veranstalters oder Ereignisträgers läßt eine unentgeltliche Berichterstattung nur als nachrichtenmäßige Berichterstattung zu. Diese Voraussetzung ist erfüllt, wenn es sich um eine durch Bewegtbilder von dokumentarischem Wert unterlegte oder angereicherte Information handelt, deren Gesamtlänge so bemessen ist, daß sie sich der Struktur von Nachrichtenprogrammen über Tagesereignisse einfügt, sich auf die Wiedergabe kurzer Ausschnitte der Veranstaltung oder des Ereignisses unter Ergänzung durch Wortberichte beschränkt und nicht darauf angelegt ist, dem Fernsehzuschauer in erster Linie den Unterhaltungswert der Veranstaltung oder des Ereignisses, sei es auch in verkürzter Form, zu vermitteln.
Die nachrichtenmäßige Kurzberichterstattung selbst braucht allerdings nicht in spezifischen Nachrichtensendungen zu erfolgen. Wenn Charakter und Struktur des Beitrages als »nachrichtenmäßig« eingehalten werden, kann dieser auch in anderen Sendungen, z.B. in Magazinsendungen, gesendet werden.
Der nachrichtenmäßige Charakter des Beitrags verbietet es nicht, Höhepunkte einer Veranstaltung oder eines Ereignisses zu zeigen. Für eine nachrichtenmäßige Kurzberichterstattung wird es jedoch häufig entsprechend der Praxis aus-

reichen, nur einige der Schlüsselszenen im Bild zu zeigen und diese im übrigen durch Wortbeiträge, stehende Bilder oder Schautafeln zu ergänzen.
Die Vielzahl der verschiedenen Veranstaltungen und Ereignisse läßt es nicht zu, die im Einzelfall zulässige Dauer eines Kurzberichts verbindlich festzulegen. In Anlehnung an die thematisch vergleichbare Regelung in § 50 des Urheberrechtsgesetzes hat sich daher die Regelung durch eine Generalklausel empfohlen. Die Praxis zeigt, daß 90 Sekunden, z.T. sogar weniger, ausreichen, um dem Fernsehzuschauer die wesentlichen Informationen von Veranstaltungen zu vermitteln. Dies ist insbesondere bei der Berichterstattung über Sportveranstaltungen im Fußball, Hallenhandball oder Eishockey, bei Meisterschaftsspielen oder Wettkämpfen ähnlicher Struktur und Dauer anzunehmen. Um für die Praxis zumindest für kurzfristig und regelmäßig wiederkehrende Veranstaltungen, insbesondere für periodische Sportveranstaltungen einen Anhaltspunkt für die Auslegung der Generalklausel zu geben, ist deshalb für diese Fälle eine Regelzeit von maximal 90 Sekunden vorgesehen.
In anderen Fällen, etwa bei der Kurzberichterstattung über kulturelle Veranstaltungen oder über Ereignisse, kann eine längere Dauer der Berichterstattung erforderlich werden. Aber auch in diesen Fällen dürfte für die Vermittlung des wesentlichen Informationsgehalts eine Berichtdauer von drei Minuten ausreichen und daher der nachrichtenmäßige Charakter des Kurzberichts nicht mehr gewahrt sein, wenn diese Dauer überschritten ist.
Auch bei einer Zusammenfassung mehrerer Kurzberichte über Veranstaltungen vergleichbarer Art in einer Sendung ist der nachrichtenmäßige Charakter zu wahren. Eine größere Gesamtheit von aneinandergereihten Einzelberichten über Veranstaltungen vergleichbarer Art kann die Grenze zu einer Sendung überschreiten, die darauf angelegt ist oder jedenfalls die Wirkung hat, überwiegend den Unterhaltungswert der Veranstaltungen zu vermitteln. Dies wäre von der Regelung nicht mehr gedeckt. Der Fersehveranstalter hat deshalb dafür Sorge zu tragen, daß bei einer zusammengefaßten Ausstrahlung mehrerer Kurzberichte diese Grenzen nicht überschritten werden. Dies könnte er z.B. dadurch erreichen, daß er eine Auswahl unter den Veranstaltungen trifft, über die er Kurzberichte ausstrahlt und über die übrigen Veranstaltungen vergleichbarer Art lediglich mit Wortbeiträgen, Standbildern oder Schautafeln informiert, oder daß er bei der zusammenfassenden Berichterstattung über derartige Veranstaltungen die Regelzeit nicht für jeden Bericht in Anspruch nimmt.
Die Verpflichtung, auch bei Zusammenfassungen den nachrichtenmäßigen Charakter zu wahren, kann nicht dadurch umgangen werden, daß eine ansonsten unzulässige Aneinanderreihung von Einzelberichten in einer Sendung durch andere Programmbeiträge, z.B. durch Zwischenkommentare, Interviews oder dergleichen unterbrochen wird. Der Fernsehveranstalter ist daher gehal-

ten, bereits bei der Erstellung des Erstbeitrages alle Veranstaltungen in die Informationsplanung einzubeziehen.

Zu Artikel 10 c:

Diese Vorschrift enthält Einschränkungen zur Ausübung des Rechts auf Kurzberichterstattung. Im Falle von Satz 2 »kann« der Veranstalter die Übertragung oder die Aufzeichnung ausschließen, im Falle von Satz 3 »ist« sie ausgeschlossen, allerdings nur dann, wenn Gründe der öffentlichen Sicherheit und Ordnung entgegenstehen und diese das öffentliche Interesse an der Information überwiegen. Im letzteren Falle ist es daher denkbar, daß die allgemeine Öffentlichkeit aus Gründen der Sicherheit und Ordnung ausgeschlossen wird, nicht dagegen die Medienöffentlichkeit. Umgekehrt bleiben nur die Fernsehveranstalter ausgeschlossen, wenn der Veranstalter von seinem Recht Gebrauch macht, die Fernsehberichterstattung über die Veranstaltung insgesamt auszuschließen. Dies kann jedoch nur bei Veranstaltungen, nicht dagegen bei Ereignissen erfolgen. Bei Ereignissen ist ein Ausschluß der Fernsehöffentlichkeit nur nach Satz 3 möglich.

Zu Artikel 10 d:

Nach Absatz 1 braucht dem Veranstalter oder dem Ereignisträger für die Übertragung oder die Aufzeichnung kein Entgelt gezahlt zu werden, wohl aber für die Inanspruchnahme der Plätze und der erforderlichen Einrichtungen. Für die Berechnung des Eintrittsgeldes ist von der Zahl der vom Fernsehveranstalter tatsächlich in Anspruch genommenen Plätze auszugehen.
Im Organisationsinteresse sowohl des Veranstalters oder Ereignisträgers als auch der Fernsehveranstalter enthält Absatz 2 Anmelde- und Rückmeldefristen. Da im Falle einer positiven Antwort des Veranstalters oder Ereignisträgers der Fernsehveranstalter in der Regel weitere organisatorische Entscheidungen auch Dritten gegenüber - z.B. zur Sicherstellung der technischen Übertragungswege - treffen muß, ist für den Regelfall eine Rückmeldung spätestens 5 Tage vor Beginn unerläßlich.

Zu Artikel 10 e:

Bei Kapazitätsengpässen ist eine Auswahl unter den Fernsehveranstaltern erforderlich. Ein Vorrang zugunsten nationaler Fernsehveranstalter - seien es private oder öffentlich-rechtliche Fernsehveranstalter - muß aus EG-rechtlichen

Gründen ausscheiden. Die Regelung sieht daher zunächst ein Auswahlrecht des Veranstalters bzw. Trägers des Ereignisses vor.
Diese Auswahlbefugnis bedarf jedoch der Einschränkung dahingehend, daß nur solche Fernsehveranstalter zunächst zu berücksichtigen sind, die eine umfassende Versorgung des Landes sicherstellen, in dem die Veranstaltung oder das Ereignis stattfindet. Nur ein solches Auswahlkriterium trägt am ehesten dem Informationsbedürfnis der Bevölkerung Rechnung.
Bei der Auswahl ist auch davon auszugehen, daß der auszuwählende Fernsehveranstalter technisch am besten in der Lage sein muß, auch für die nicht zum Zuge kommenden Fernsehveranstalter ein Signal zur Verfügung zu stellen. Aufgrund der gegenwärtigen terrestrischen Übertragungssituation wird diese Voraussetzung derzeit am ehesten von einer öffentlich-rechtlichen Fernsehanstalt erfüllt.
Die Pflicht zur Weitergabe des Signals gemäß Absatz 2 berührt nicht urheberrechtliche Vorschriften. Das Schutzziel des Urheberrechts wird durch diese Weitergabeverpflichtung nicht beeinträchtigt, vielmehr steht lediglich ein Surrogat für die mangelnde umfassende Realisierbarkeit des gewollten Zutritts- und Aufzeichnungsrechts zu Zwecken der Kurzberichterstattung in Rede. Die bei Zutritt oder Aufzeichnung bevorzugten Fernsehveranstalter erwerben ihr Recht von vornherein nur »belastet« mit der Pflicht zur Weitergabe des Signals.
Absatz 3 verpflichtet den Veranstalter oder den Träger eines Ereignisses in den Fällen, in denen sie sich zu einer vertraglichen Verwertung der Veranstaltung oder des Ereignisses durch einen Vertrag mit einem Fernsehveranstalter entschließen, dafür zu sorgen, daß das Recht auf Kurzberichterstattung gewahrt bleibt.
Nicht festgelegt wird die Art und Weise, in der dies geschehen soll.
Im Regelfalle - insbesondere, wenn genügende räumliche und technische Kapazität vorhanden ist - wird der Veranstalter oder der Träger des Ereignisses weitere Fernsehveranstalter zum Zwecke der der Kurzberichterstattung zulassen. Der Veranstalter und der Träger des Ereignisses werden jedoch in vielen Fällen auch die Möglichkeit haben, den Fernsehveranstalter, mit dem sie eine Vereinbarung über die Berichterstattung abschließen, vertraglich zu verpflichten, sein Signal und seine Aufzeichnung den Fernsehveranstaltern gegen angemessenen Aufwendungsersatz zur Verfügung zu stellen, die sie nicht zugelassen haben.

Zu Artikel 10 f:

Im Interesse der Veranstalter und des Inhabers exklusiver Übertragungsrechte und um Mißbrauchsmöglichkeiten von vornherein auszuschließen, ist das nicht verwertete Material innerhalb der angegebenen Frist zu vernichten, wobei im Falle der Ausübung berechtigter Interessen Dritter, etwa bei Streitigkeiten über die Aufzeichnung, die Frist gemäß Satz 2 unterbrochen wird. Der Kurzberichterstattungbeitrag selbst braucht nicht vernichtet zu werden. Insofern erwirbt der Fernsehveranstalter ein eigenständiges, originäres Recht.

Zu Artikel II:

Nach Absatz 1 ist die Ausübung des Rechts auf Kurzberichterstattung bei Veranstaltungen ausgeschlossen, zu denen vor dem 1. Januar 1990 exklusive Vereinbarungen getroffen worden sind. Bei Verträgen, die erst ab diesem Stichtag abgeschlossen wurden, müssen die Vertragsparteien gegen sich gelten lassen, daß die Absicht der Länder, Regelungen zum Recht der Kurzberichterstattung festzulegen, bereits Anfang Juni 1989 veröffentlicht, in der Fachpresse eingehend kommentiert und damit allgemein bekannt gemacht wurde; darüber hinaus haben die Regierungschefs der Länder am 21. Dezember 1989 den Staatsvertragsentwurf zustimmend zur Kenntnis und dessen Unterzeichnung für März 1990 in Aussicht genommen. Zumindest ab diesem Zeitpunkt kann von einem rechtlich schützenswerten Vertrauenstatbestand nicht mehr ausgegangen werden kann.
Die Absätze 2 und 3 enthalten übliche Bestimmungen über das Inkrafttreten des Staatsvertrages.

9. Literatur

ALASKIEWICZ, Richard K. und Th. McPHAIL (1986), Olympic Televion Rights, in: International Review for the Sociology of Sports 21, 211-227

ANDERS, Georg (1988), Sport und Wirtschaft: Bestandsaufnahme - Perspektiven - Orientierung, in: ANDERS, Georg, E. STRÄHL und A. MOOR (Hrsg.), Sport und Wirtschaft, Magglingen, 109-205

ANDERS, Georg, E. STRÄHL und A. MOOR (Hrsg.), (1988), Sport und Wirtschaft, Magglingen

ARMSTRONG, Clive (1988), Sports Sponsorship: A Case-Study Approach to Measuring its Effectiveness, in: European Research 16, 97-103

BÄSSLER, Roland (1988), Das Interesse der Bevölkerung für Sport, in: SWS-Rundschau 2/1988, 174-190

BECKER, Peter (1983), Sport in den Massenmedien, in: Sportwissenschaft 13, Heft 1, 24-45

BECKER, Peter (Hrsg.), (1987) Sport und Höchstleistung, Reinbek

BERG, Klaus (1988), Der Staatsvertrag zur Neuordnung des Rundfunkwesens in der Bundesrepublik Deutschland und die fünfte Rundfunkentscheidung des Bundesverfassungsgerichts, in: EBU Review, März 1988

BERG, Klaus und Marie-Luise KIEFER (Hrsg.),(1987) Massenkommunikation III. Eine Langzeitstudie zur Mediennutzung und Medienbewertung 1964-1985, Frankfurt a.M.

BERG, Marcus (1986), TV-Sport macht kein Stadion leer, in: Sport Illustrierte Nr.9/1986, S. 30/1

BERGAN, R. (1982), Sports in the Movies, New York (Protheus)

BINNEWIES, Harald (Hrsg.), (1981), Sport und Massenmedien, Ahrensburg

BINNEWIES, Harald (1988), Sportjournalismus - neue Strukturen, neue Funktionen? in: HOFFMANN-RIEM, W. (Hrsg), Neue Medienstrukturen - neue Sportberichterstattung? Baden-Baden (Nomos), 57-65

BIRD, P.J. (1982), The Demand for League Football, in: Applied Economics 14, Heft 6

BIRKHOLZ, Manfred (1985), Werbung in der Fußball-Bundesliga, in: Blick durch die Wirtschaft 29, 2.8.85

BIRKHOLZ, Manfred (1986), Das Marketing Instrument »Sport«, in: Horizont. Wochenmagazin für Marketing, Werbung und Medien, Nr. 7, 17.2.86, S.14

BLÖDORN, Manfred (1989), Das magische Dreieck: Sport - Fernsehen - Kommerz, in: HOFFMANN-RIEM, W. (Hrsg), Neue Medienstrukturen - neue Sportberichterstattung? Baden-Baden (Nomos), 100-129

BOCK, Jörn (1989), Die deutsche Wirtschaft setzt Segel, in: Kicker Sportmagazin Nr. 44, 60-62

BOGART, L. (1973), Television Effects on Spectator Sports, in: HART, E.M. (Hrsg.), Sports in the Socio Cultural Process, Dubuque (Brown), 387-396

BROWER, J. (1976), Professional Sports Team Ownership: Fun, Profit and Ideology of the Power Elite, in: Journal of Sport and Social Issues, Vol. 1, 16-51

BRUHN, Manfred (1987) Sponsoring. Unternehmen als Mäzene und Sponsoren, Frankfurt

BRUHN, Manfred (1987), Sponsoring. Mäzenatentum oder Schleichwerbung? in: Harvard Manager, Heft 3

BRYANT, Jennings; D. BROWN, P. COMISKY und D. ZILLMANN (1982), Sports and Spectators: Commentary and Appreciation, in: Journal of Communication 32/1, 109-119

BÜCH, Martin (1979), Modell und Realität der Fußball-Bundesliga. Eine ökonomische Betrachtung, in: Zeitschrift für Wirtschafts- und Sozialwissenschaften, 447 ff.

BUSCOMBE, E. (ed.) (1975), Football on Television, London (BFI)

BUSS, Michael (1983), Die Vielseher, Diss. Stuttgart-Hohenheim

CAIRNS, J., N. JENNETT und P.J. SLOANE (1986), The Economics of Professional Team Sports: A Survey of Theory and Evidence, in: Journal of Economic Studies 13, 3-80

CLAYS, Els (1986), Sport at Belgian Radio and Television (BRT), in: International Review for the Sociology of Sport 21, 195-209

DABSCHECK, B., (1975), The Wage Determination Process for Sportsmen, in: Economic Record 51, 52-56

DABSCHECK, B. (1975a), Sporting Equality: Labour Market versus Product Market Control, in: Journal of Industrial Relations 17, 174-190

DAHMS, Heike (1988), Sport beinahe nonstop im Fernsehen, ARW-Report I/88

DAHMS, Heike (1988), Sport im Fernsehen. Eine Analyse von Angebot und Nutzung, in: Media Perspektiven 4/88, 238-247

DALY, G. und W. MOORE (1981), Externalities, Property Rights and the Allocation of Ressources in Major League Baseball, in: Economic Inquiry XIX

DARKOW (1983), Sport im Rundfunk, in: Media Perspektiven 1/83, 47-57

DEMMERT, Henry G. (1973), The Economics of Professional Team Sports, Lexington (Mass.)

Der Kontakter (1986), Sponsoren, Trikotwerbung in der Fußball-Bundesliga, in: Der Kontakter, Nr. 35, 27.8.86, 38-39

DIEGEL, Helmut und St. VOLKNANT (1987), Sportfernsehen - Sehgewohnheiten Jugendlicher. Ausgewählte Ergebnisse einer empirischen Untersuchung, Darmstadt

DIETRICH, Knut und St. REIMERS (Hrsg.), (1985), Ausverkauf des Sports über den Bildschirm, Bad Segeberg/Hamburg

DREES, Norbert (1989), Sport-Sponsoring, Diss.

DREES, Norbert (1988), Sponsoring - Eine Begriffsbestimmung, in: Werbeforschung und Praxis 1/88, S.23f

DREES, Norbert (1989), Charakteristika des Sportsponsoring, in: Herrmanns, A. (Hrsg.), Sport- und Kultursponsoring, München, 49-61

DREYER, Axel (1986), Werbung in und mit Sport, Göttingen

EASTMAN, Susan; S. HEAD und L. KLEIN (1985), Broadcast/Cable Programming, 2nd ed., Belmont, Ca. (Wadsworth)

EL HODERI, M. und J. QUIRK (1975), Stadium Capacities and Attendance in Professional Sports, in: LADANY, S, Management Science Application to Leisure Time Operation, Amsterdam (North Holland)

EMIG, Jürgen (1988), Wie reagiert das Sport-Fernsehprogramm auf die Veränderung der Medienstruktur? in: HOFFMANN-RIEM, W. (Hrsg), Neue Medienstrukturen - neue Sportberichterstattung? Baden-Baden (Nomos), 93-99

FISCHER, Harald (1984), Die Wirtschaftliche Lage der 1. Bundesliga im Fußball, in: HEINEMANN, Klaus (Hrsg.), Texte zur Ökonomie des Sports, Schorndorf 1984, 52-71
FISCHER, Harald (1986) Sport und Geschäfte. Professionalisierung im Sport, Berlin
FRANK, Bernward (1988), Nutzung des Sports im Fernsehen, in: HOFFMANN-RIEM, W. (Hrsg), Neue Medienstrukturen - neue Sportberichterstattung? Baden-Baden (Nomos), 32-37
FUHR, Ernst (1976), Das Recht des Fernsehens auf freie Berichterstattung über öffentliche Veranstaltungen, in: Rechtsfragen im Spektrum des Öffentlichen, Armbruster-Festschrift, Berlin, 117-136
FUHR, Ernst (1988), Exklusivberichterstattung des Rundfunks im Spannungsverhältnis zwischen Privatautonomie, Kartellrecht und Recht auf freie Berichterstattung, in: Zeitschrift für Urheber- und Medienrecht 32, 327-332
FUHR, Ernst (1988), The Broadcaster's Right to the Free Reporting of Public Events, in: EBU Review. Programmes, Administration, Law, Vol 39, Nr. 6, 39-41
GÄRTNER, Manfred (1988), Sport in marktwirtschaftlichen Ordnungen: Was kann der Marktmechanismus im Sport leisten? in: ANDERS, G., E. STRÄHL und A. MOOR (Hrsg.), Sport und Wirtschaft, Magglingen, 41-63
GÄRTNER, Manfred und W.W. POMMEREHNE (1978), Der Fußballzuschauer - ein homo oeconomicus, in: Jahrbuch für Sozialwissenschaft, 88-107
GANTZ, Walter (1981), An Exploration of Viewing Motives and Behaviors Associated with Television Sports, in: Journal of Broadcasting 25, 263-275
GARRISON, Bruce und M. SABLJAK (1985), Sports Reporting, Ames (Iowa)
GfK-Marktforschung (Hrsg.), (1985), Situationsanalyse des Profifußballs in der Bundesrepublik Deutschland - Ursachen, Konsequenzen, Zukunftsperspektiven. Studie im Auftrag des Deutschen Fußball-Bundes, Nürnberg
GIESELER, Karlheinz (1988), Läßt sich der Sport verkaufen? Probleme der Kommerzialisierung, in: GIESELER, Karlheinz, O. GRUPE, K. HEINEMANN (Hrsg.), Menschen im Sport 2000, Schorndorf
GIESELER, K.H., O. GRUPE und K. HEINEMANN (Hrsg.), (1988), Menschen im Sport 2000, Dokumentation des gleichnamigen Kongresses im Auftrag des DSB, Schorndorf
GRATTON, E. und B. LISEWSKI (1981), The Economics of Sport in Britain: A Case of Market Failure? in: Britisch Review of Economic Issues 8
GREIFFENBERG, Horst (1989), Neue Medien, in: Peter OBERENDER (Hrsg.), Marktökonomie, München, 571-631
GUTTMANN, A. (1986), Sports Spectators, New York
HACKFORT, Josef (1973), Sport im Fernsehen, Münster
HACKFORTH, Josef, M. RAVENSTEIN, M. SCHUPPE und R. SCHOLZ (1988), Zwischen »Fußballkrieg« und »Fußball für alle«. Die Thematisierung der Vergabe der Fußball-TV-Übertragungsrechte in ausgewählten Medien, Institut für Publizistik, Universität Münster
HACKFORT, Josef und S. WEISCHENBERG (Hrsg.),(1978), Sport und Massenmedien, Bad Homburg
HACKFORT, Josef (Hrsg.), Sportmedien & Mediensport, Berlin 1988
HACKFORT, Josef (1989), Zwischen Bandenwerbung und Bandenwirkung - Erste Ergebnisse einer Studie zur EURO 88, in: HERRMANNS, A. (Hrsg.), Sport- und Kultursponsoring, München, 100-111

HARTMANN, K.D. (1981), Sportwerbung im intermedialen Vergleich, in: Media-Report Sportwissenschaft 1/81, 21-25
HARTSTEIN, Reinhard und H. KUCH (1988), Gesetzliche Regelung eines Rechts auf freie Kurzberichterstattung? in: Zeitschrift für Urheber- und Medienrecht 11/88, 503-511
HEAD, Victor (1981), Sponsorship. The Newest Marketing Skill, Cambridge
HEINEMANN, Klaus (Hrsg.), (1984), Texte zur Ökonomie des Sports, Schorndorf
HEINEMANN, Klaus (1987), Elemente einer Ökonomie des Sports, in: Jahrbuch für Sozialwissenschaft 38, 232ff
HEINEMANN, Klaus (1987), Betriebswirtschaftliche Grundlagen des Sportvereins, Schorndorf
HEINEMANN, Klaus (1986), Probleme der Finanzierung des Sportvereins, Kommerzialisierung und Politisierung, in: HEINEMANN, Klaus und H. BECKER (Hrsg.), Zukunft des Sports, Frankfurt, 186-193
HEINEMANN, Klaus (1988), Kommerzialisierung, neue Medienstrukturen und Veränderung des Sports, in: HOFFMANN-RIEM, W. (Hrsg), Neue Medienstrukturen - neue Sportberichterstattung? Baden-Baden (Nomos), 40-47
HEINEMANN, Klaus (1988), Besonderheiten einer Ökonomie des Sports, in: ANDERS, G., E. STRÄHL und A. MOOR (Hrsg.), Sport und Wirtschaft, Magglingen, 65-78
HEINEMANN, Klaus (1989), Sportsponsoring - Ökonomische Chance oder Weg in die Sackgasse, in: HERRMANNS, A. (Hrsg.), Sport- und Kultursponsoring, München 62-77
HEINEMANN, Klaus und H. BECKER (Hrsg.), (1986) Zukunft des Sports, Frankfurt
HENZE, Heiner (1988), Sponsorenschaft und Medien, in: ANDERS, G., E. STRÄHL und A. MOOR (Hrsg.), Sport und Wirtschaft, Magglingen, 111-120
HERRMANNS, Arnold (1987), Werbewirkung und Werbewirkungskontrolle im Sportsponsoring, in: Planung und Analyse Nr. 78, 288-293
HERRMANNS, Arnold (Hrsg.),(1989), Sport- und Kultursponsoring, München
HERRMANNS, Arnold und N. DREES (1986), Sportwerbung, in: WiSt 15, Heft 12, 639-641
HERRMANNS, Arnold, N. DREES und M. PÜTTMANN (1986), Siegen mit Siegern? Sportwerbung '86: Untersuchungsergebnisse, in: Absatzwirtschaft. Sonderausgabe '86, 10, S. 220-233
HERRMANNS, Arnold und M. PÜTTMANN (1989), Kontrolle des Sponsoring, in: Herrmanns, A. (Hrsg.), Sport- und Kultursponsoring, München 39-48
HERRMANNS, Arnold und N. DREES (1989), Sportsponsoring - Märkte: Grundlagen und Thesen zur Situation der Gesponsorten, in: HERRMANNS, A. (Hrsg.), Sport- und Kultursponsoring, München 88-99
HESLING, Willem (1986), The Pictorial Representation of Sports on Television, in: International Review for the Sociology of Sports 21, 173-191
HOCKING, J.E. (1982), Sports and Spectators: Intra-Audience Effects, in: Journal of Communication 32/1, 100-108
HOFFMANN-RIEM, Wolfgang (Hrsg.), (1988), Neue Medienstrukturen - neue Sportberichterstattung? Baden-Baden (Nomos)
HOFFMANN-RIEM, Wolfgang (Hrsg.), (1988), Rundfunk im Wettbewerbsrecht, Baden-Baden

HOPF, W. (Hrsg.), (1979), Fußball. Soziologie und Sozialgeschichte einer populären Sportart, Bensheim
HOROWITZ, Ira (1974), Sports Broadcasting, in: NOLL, Roger (Hrsg.), Government and the Sports Business, Washington D.C., 275-324
IGNACZAK, J. (1986), Bandenwerbung - 163 mal auf dem Bildschirm! Wie oft im Kopf? Eine Untersuchung zu Aspekten der Werbewirkung der Bandenwerbung, in: Blickpunkt Nr. 14, 11-18
JOHNSON, Arthur T. und James H. FREY (Hrsg.), (1985), Government and Sport, New Jersey
KAEMPFER, W.H. und P.L. PACEY (1986), Television College Football: The Complementarity of Attendance and Viewing, in: Social Science Quarterly 67, 176-185
KAPPLER, Ekkehard (1988), Ressourcenstruktur der Sportorganisationen, in: ANDERS, G., E. STRÄHL und A. MOOR (Hrsg.), Sport und Wirtschaft, Magglingen, 120-160
KLEINJOHANN, M. (1987), Sportzeitschriften in der Bundesrepublik Deutschland, Frankfurt, Bern
KLINGENBERG, Werner (1989), Allein die Freistöße halten das Spiel eine Viertelstunde auf, in: FAZ Nr. 203 v. 2.9.89, S. 25
KRUSE, Jörn (1985), Ökonomie der Monopolregulierung, Göttingen
KRUSE, Jörn (1988), Strategische Markteintrittsbarrieren gegen neue Programmanbieter? in: W. Hoffmann-Riem (Hrsg.), Rundfunk im Wettbewerbsrecht, Baden-Baden (Nomos), 132-146
KRUSE, Jörn (1988), Märkte für Rundfunkprogramme, in: Ernst-Joachim MESTMÄCKER (Hrsg.), Offene Rundfunkordnung, Gütersloh, 275-308
KRUSE, Jörn (1989), Ordnungspolitik im Rundfunk, in: M. SCHENK und J. DONNERSTAG (Hrsg.), Medienökonomie, München (Fischer), 77-111
KRUSE, Jörn (1989), Märkte für Fernseh-Rechte, in: M. SCHENK und J. DONNERSTAG (Hrsg.), Medienökonomie, München (Fischer), 255-263
KRUSE, Jörn (1990), Sport-Kurzberichte im Fernsehen und wirtschaftliche Interessen, in: Media Perspektiven 1/90, 1-10
KÜBLER, Friedrich (1978), Massenmedien und öffentliche Veranstaltungen, Frankfurt
KÜBLER, Friedrich (1985), Rundfunkauftrag und Programminformation, Frankfurt
LERCHE, Peter und Peter ULMER (1989), Kurzberichterstattung im Fernsehen. Rechtsgutachen zu Fragen der Informationsbeschaffung für die Kurzberichterstattung von Sendeunternehmen über Veranstaltungen und sonstige Ereignisse von öffentlichem Interesse, Baden-Baden (Nomos)
LICHTENAUER, Peter (1987), Das lukrative Werbegeschäft mit Sport und Fitness, Münster
LIENEN, E. (Hrsg.) (1985), Sport. Politik und Profit. Lust und Frust, Reinbek
MARKHAM J.W. und P.V. TEPLITZ (1981), Baseball Economics and Public Policy, Lexington
MEENAGHAN, J.A. (1984), Commercial Sponsorship, Bradford
MELZER, Manfred und R. STÄGLIN (1965), Zur Ökonomie des Fußballs. Eine empirisch-theoretische Analyse der Bundesliga, in: Konjunkturpolitik 11, 114-137
MERBOLD, Claus (1989), Sportsponsoring aus der Sicht eines Investitionsgüterherstellers, in: HERRMANNS, A. (Hrsg.), Sport- und Kultursponsoring, München, 122-132

MESTMÄCKER, Ernst-Joachim (Hrsg.), (1988), Offene Rundfunkordnung, Gütersloh

MUCKENHAUPT, Manfred (1988), Schaffen die Massenmedien eine neue Wirklichkeit des Sports? Sportübertragungen - Sportverständnis - Sportengagement, in: GIESELER, K.H., O. GRUPE und K. HEINEMANN (Hrsg.), Menschen im Sport 2000, Dokumentation des gleichnamigen Kongresses im Auftrag des DSB, Schorndorf, 289-303

MÜCKE, Frank (1986), Der moderne Sportverein, Frankfurt

MÜLLER, Frank (1983), Banden und Sportwerbung. Eine Untersuchung zur Wirkung von Bandenwerbung und zur Einstellung gegenüber Werbung im Sport, in: Interview und Analyse, 152-156 und 211-215

MUSSLER, Dieter (1988), Sponsor und Sport im Ausgleich der Interessen, in: Absatzwirtschaft 31, Sonderausgabe 10/88, 200-206

MUSSLER, Dieter (1988), in: ANDERS, G., E. STRÄHL und A. MOOR (Hrsg.), Sport und Wirtschaft, Magglingen

NEALE, W.C. (1964), The Peculiar Economics of Professional Sports, in: Quarterly Journal of Economics, S.3ff; deutsch »Die eigenartige Ökonomie des Profi Sports«, in: Hammerich und Heinemann (Hrsg.), Texte zur Soziologie des Sports, Schorndorf 1979

NEUGEBAUER, E. (1986), Mitspielen beim Zuschauen. Analyse zeitgleicher Sportberichterstattung des Fernsehens, Frankfurt

NOLL, Roger G. (Hrsg.) (1974), Government and the Sports Business, Washington D.C.

NOLL, Roger G. (1977), Major League Team Sport, in: W. ADAMS, The Structure of American Industry, New York

NOLL, Roger (1974), Attendance and Price Setting, in: NOLL, Roger (Hrsg.), Government and the Sports Business, Washington D.C., 115-157

PARENTE, D.E. (1977), The Interdependence of Sports and Television, in: Journal of Communication 27/3, 128-132

PASCHEN, K. (Hrsg.), (1976), Berufssport am Beispiel Fußball, Ahrensburg

PEEL, D.A. und D. THOMAS (1988), Outcome Uncertainty and the Demand for Football: An Analysis of Mass Attendences in the English Football League, in: Scottisch Journal of Political Economy 35, 242-249

QUIRK, James und M. HODERI (1984), Die Wirtschaftstheorie einer Berufssportliga, in: HEINEMANN, K. (Hrsg.), Texte zur Ökonomie des Sports, Schorndorf, 113-125 (aus: The Economic Theory of a Professional Sports League, in: NOLL, R. (Hrsg.), Government and the Sports Business, Washington D.C.)

RADER, Benjamin G. (1984), In its Own Image. How Television has Transformed Sports, New York

RICKER, Reinhart (1988), Grundversorgung kontra Vertragsfreiheit - Anspruch öffentlich-rechtlicher Rundfunkanstalten auf unentgeltliche Kurzberichterstattung über Fußballveranstaltungen? in: Zeitschrift für Urheber- und Medienrecht 32, 311-318

RIEGEL, Ralf (1988), Besteht ein Recht der Medien, kostenlos Ausschnitte von Fußballspielen zu übertragen? in: Zeitschrift für Urheber- und Medienrecht 32, 527-530

RITTNER, Volker und J. MRAZEK (1989), Differenzierung des Sports - Zur Notwendigkeit der Differenzierung des Sportsponsoring, in: HERRMANNS, A. (Hrsg.), Sport- und Kultursponsoring, München, 78-87

ROTH, Peter (Hrsg.), (1986), Sportwerbung - Grundlagen, Strategien, Fallbeispiele, Landsberg a.L.
ROTH, Peter (1985), Sport - Werbung. Werbung in einem besonders attraktiven Erlebnisfeld treiben, in: Marketing Journal 6/7
RYSSEL, Christian und E. STAMMINGER (1988), Sponsoring World-Class Tennis Players, in: European Research 16, Nr. 2, 110-116
SCHÜRMANN, Peter (1988), Sponsoring, in: Management Zeitschrift 57, 296-298
SLOANE, Peter J. (1971), The Economics of Professional Football: The Football Club as a Utility Maximiser, in: Scottisch Journal of Political Economy 17, 121-146
SLOANE, Peter J. (1980), Sport and the Market, London
SPIESER, R. (1983), Sport und Werbung, Diss. Zürich
SPRUNG, Roland (1985), Das heiße Match und Quoten und Sponsoren, in: Neue Medien Heft 7, S. 60-68
STEIN, Artur (1988), Massenmedien und Spitzensport. Theoretische Konkretisierung und ausgewählte empirische Analyse von Wirkungen der Mediensportrealität auf den Spitzensport in der Bundesrepublik Deutschland, Frankfurt a.M., Bern
STEIN, Olaf (1986), ZDF-Medienforschung: Die Fußball-WM 1986 bei ARD und ZDF. Ergebnisse aus der GfK-Fernsehzuschauerforschung
STEINMANN, M. und R. MEIENBERGER (1988), Sport in den elektronischen Massenmedien und seine ZuschauerInnen und ZuhörerInnen, SRG-Forschungsdienst, Bern
STROTKÖTTER, J. (1989), Fußball im Sonderangebot, in: Kicker, Sonderheft Bundesliga 89/90, S.188.
TETTINGER, P. (1986), Das Recht des Rundfunks auf freie Berichterstattung bei Sportveranstaltungen, in: Zeitschrift für Urheber- und Medienrecht 30, 497 ff
TISCHLER, S. (1982), Sportwerbung - Wirkungen und Werbewert 7. Aufl., Berlin
TRAPP, Burkhard (1987), Angebot und Nutzung von Sportsendungen im Fernsehen (1976-1985), in: HACKFORT J. (Hrsg.), Sportmedien & Mediensport, Berlin, 325-340
TROLL, Kurt (1983), Wirkung von Bandenwerbung - Bericht über ein Pilotprojekt, in: Jahrbuch für Absatz- und Verbrauchsforschung 29, 201-220
TROLL, Kurt (1983), Bandenwerbung: Aufstiegschancen für Recall-Werte, in: Absatzwirtschaft 26, Nr. 8, 38-42
TURNER, Stuart (1987), Practical Sponsorship, London
UNDERWOOD, J. (1984), Spoiled Sports, Boston, Toronto
VOLKAMER, M. (1981), Der Einfluß der Massenmedien auf das Zuschauerverhalten, in: BINNEWIES, H. (Hrsg.), Sport und Massenmedien, Ahrensburg
WEBB, Kent (1983), The Economics of Cable Television, Lexington
WEISCHENBERG, Siegfried (1988), Sportjournalismus zwischen Mode und Methode, in: HOFFMANN-RIEM, W. (Hrsg), Neue Medienstrukturen - neue Sportberichterstattung? Baden-Baden (Nomos), 66-89
WELLING, Brenton und W.C. SYMONDS (1989), Professor Hardball, in: Business Week v. 3.4.89
WILLIAMS, B.R. (1977), The Strukture of Televised Football, in: Journal of Communication 27/3, 132-139
WRIGHT, Roger (1988), Measuring Awareness of British Football Sponsorship, in: European Research 16, 103-108
VOGEL, Harold (1986), Entertainment Industry Economics, Cambridge

ZDF-Medienforschung (1982), Fußball-Weltmeisterschaft 1982, Ergebnisse einer Teleskopie-Sonderauswertung
o.V. (1988), Empirische Untersuchung über Fußballzuschauer. Eine Befragungsstudie von Studenten der Hochschule Bremen unter Leitung von Hella Schomaker
o.V. (1989), Auf die Sanfte Tour, in: Manager magazin, 19.Jg, 3/1989, 216-225
o.V. (1984), Forschungsbericht Medienkommission ARD/ZDF: Sport